荻田泰則

◈

わたしの
教育実践記録

——持続する学び——

一茎書房

はじめに

わたしの家の屋根裏部屋には本やＤＶＤ、家のものが置かれている。それとともに、わたしが学生だったころから退職時まで書いた多数の手記や記録、作成した冊子、学級日誌等があった。それらには自分が実践したときの内容や子どもたちの姿、感想、作品などのことなどが記述されていた。

退職したのだから、それらはもう何の意味もないものだ。処分すべきものだ。区切りとしてそうすべきものだった。

しかし、退職後１年、２年と経ってもそれらは床の上に置いてあった。

わたしはあるときその前に座り、勇を奮ってそれらを処分しようと試みた。しかしそれらを手に取ると、そのときのわたしのやったことや子どもたちの表情、声、姿が蘇ってくる。わたしはそれらを捨てることができなかった。それどころか、その姿を書き残したい、と強く思った。わたしと子どもたちとの「やったこととその姿」は確かにこの世にあったものだ。わたしはそのことを書き残したい、と強く思うようになった。

わたしは1975（昭和50）年、宮城教育大学に入学した。わたしはそこで教育実践家、斎藤喜博氏や高橋金三郎教授の「授業」や指導を受けた。それらはわたしにとって魅力に満ちたものであり、興味深いものだった。

青年時のことになるが、わたしは進学校の高校になじめず、その先自分が何をしたいという思いもなく過ごしていた。なんとか自分で自分の進む方向を考えていくうち、「人間はどのようにして生きることが正しくよい生き方なのか」という問いを持ってしまい、その答えを得ようと本を読んだり、小さな旅にも出た。

宮城教育大学で「斎藤喜博の授業や演習」を受けて、このなかにその答えの可能性がある、と感じた。わたしは小学校教師となり、子どもたちと「授業」をするなかで、その答えが得られる世界がそこにあると感じ、求めた。命題が「人間はどうすればイキイキと生きられるのか」に変わってはいたが……。

わたしは横須賀（薫）研究室での卒業演習を受けるなかで、「授業」の面白さや、「表現」することの喜び、「表現活動」の教育としての大切さを知った。「教育」についての考え方も学んだ。

わたしはそれらをもとに教師になって「授業」や「表現活動」をしたいと強く思った。

わたしは教師になり、迷うことなく目の前の子どもたちを「良くしたい」、「能力を引き出したい」という思いで実践に取り組んだ。

長い時を経た。

わたしの教育実践が現場において成功したか？　というとそうではなかった。行き詰まり、失敗に終わった。拡がりも多くの人の共感も呼ぶことはなかった。

「授業」や「表現活動」のなかで、子どもは凄いなあ、と感じたことは幾度もある。それを参観する保護者の笑顔も見た。先生方から励まされたこともあった。

反対に「よかれ」と思ってやったことが、却って子どもたちや先生方に嫌な思いをさせ、また迷惑を掛けたこともある。保護者や先生方から批判や非難を受けたこともあった。

それらのことで頑張ろうと思ったり、深く沈み込んだこともあった。

それらのすべてを含んだ「実践記録」としてわたしはこの本を書いた。

目次

第一章　わたしの教師修行
——教育の面白さを知る——
〈1975（昭50）年～1984（昭59）年〉

第一節　宮城教育大学——大学が面白い——

1　大学は楽しく、面白い

1975（昭和50）年3月、宮城教育大学小学校教員養成課程に入学した。入学のとき、林竹二学長の話を聴いた。講堂で後ろの方の席にいたのだが、林学長の声はよく通りゆっくりとした穏やかなものだった。林学長の語った「君たちは燃え滓だ」という「ことば」をよく覚えている。そのときは「どうしておれたちは燃え滓なのか?」と腑に落ちなかった。

大学のなかを歩くと、風通しのよい明るい感じがした。それは今までの高校生活やその後には感じられなかったものだ。女子学生の笑い声が新鮮で好ましかった。

わたしは興味のあった倫理学や日本史の講義を聴いた。倫理学の先生の人となりに惹かれもした。

印象深い授業も受けた。特別数学「幾何学」だった。

「直線は二点間の最短距離だ」ということを驚きと感動を持って、「その定義」を再発見した。

簡略に書くと、先生がまず「直線とはなにか?」とわたしたちに問い、わたしたちは「真っ直ぐな線」とか、「2点間を結ぶ最短距離」などと答えた。先生は「それでは三角形は3つの直線からできる図形ですが、三角形はピンポン球の上に描けますか?」と問い返してきた。わたしたちは「描ける」と答えた。

先生は、「確かにピンポン玉の球上に直線で描かれた三角形は上から見ると真っ直ぐな線ですが、横からみるとその直線は空間上では曲線です。ということはあなたたちが言う『直線を真っ直ぐな線』ということの定義は平面では成り立つが、球体の上では成り立たない。だからそれは「直線の定義」としては平面、曲面どちらにも当てはまるものとは言えない。けれども直線を『二点間の最短距離』と定義するどちらの面においても『直線』は定義され、三角形は平面でも曲面でも描けるのです」と述べた。

わたしたちは「はあ、なるほど」と感心し「目から鱗……」だった。そして「ならば平面上の三角形の内角の和は180度だが、曲面上の三角形の内角の和は180度とは限らないのだ」と、さらに自分で認識を拡げて喜んでいた。「幾何学って面白いなあ、数学って面白いものだな」と強く心に残った。

1年生から3年生までは様々な合研（小専合研の略称：教官と学生が共同のスペースに居て、指導を受けたり歓談も交え自由に交流する場。10の合研があった）に出入りしていた。

英語教育の伊藤義穂先生がいた第一合研では、「推理小説研究会」の人たちと談笑したりコンパにも参加していた。伊藤先生は脱俗のような雰囲気の方で、先生からの年賀状には「理論は全て空し、まず生きることだ」などの「ことば」が記されていた。

美術の三井滉先生の第四合研は自由で風通しのよい感じの部屋だった。三井滉先生を通して「美術」というものの雰囲気を感じた。先生のところには様々な課程の学生が出入りしていた。アメリカの姉妹校マカレスター大学（リバーサイド市）から来ていた日系の男子学生とそこで仲良くなった。顔は日本人なのに話すときは英語と日本語を自由に使い分ける。わたしは彼に「いったい考えるときは何語で考えるのか？」と聞いた。「英語だ」と答えられ、不思議な感じがした。その彼の彼女が来ていると、あるとき知らされ、研究室に行ってみると、カーリーヘアーの笑顔のきれいなアフリカ系アメリカ人の女の子だった。「ハァーワァユー」と両手を広げ言われたときは、ドギマギした。

第七合研は中国文学の小野四平先生の部屋だった。天井まで埋め尽くされた厚い中国語の書籍を眺めて、「学問の世界は凄いものだ、到底その世界には入れない」と感じた。

第十合研の横須賀薫先生の合研にも行っていた。先生が学外の人と何かの打ち合わせをしている様子や四年生との卒業演習などを見ていた。先生はよくものごとを考えている人という印象を持った。

友人たちと映画「不良少年」（監督：羽仁進）の自主上映をしたのも面白い経験だった。ポスターを作ったり、チケットを売ったり、「もぎり」をしたりした。映写機のガラガラ鳴る音のなか、学生たちの後ろ姿を見ているのも楽しかった。

ワンダーフォーゲル部に入って山の仲間もできた。

2 授業が面白い――「教授学演習」を受ける――

わたしは講義とともに「教師の仕事に直接かかわる演習」に興味を持っていた。「教授学演習」という名で行われていたものだった。これらの演習がわたしの大学での学修の多くの部分を占めることになった。

【高橋金三郎教授の授業と演習】

高橋金三郎先生の「理科教授法」の演習は、面白くかつ興味深いものだった。先生の魂から絞り出されてくるような訥々《とつとつ》とした口調と、説得力のある話の内容に深く引き込まれていた。理科の教科書にある実験のなかに、「自分たちの実践・研究」から採用されているものがあること、また教科書の記述に科学的な誤りがあること、などの話が印象に残っている。実験器具を持ちながらの科学的内容の説明や、子どもに提示する実験の本質についての話が特に興味深かった。

また、理科を専門にやっている先生だと思っていたところ、社会や国語の「教科書教材（詩や歴史の記述など）」を提示し――われわれにその文章のなかから疑問を出させ、その言葉や記述をもとに内容を深く探求していく――授業をされた。わたしたち学生にとって、それは新鮮な経験だった。


【斎藤喜博氏の授業と演習】

・指揮を体験する

1975（昭和50）年、大学1年生だったわたしは、生まれて初めて人前で合唱の指揮をしていた。教授学演習での合唱指導の授業だった。20人ぐらいの学生を前に、わたしは（少しの昂揚と開放感を感じながら）歌っている学生たちに声を出させようと片手を挙げていた。指揮しているわたしには学生の顔しか見えなかった。

わたしが指揮を終えたあと、斎藤喜博先生が学生の前に立って指導を始めた。

「はい、皆さんの声は今はここまでしか届いていませんから、声をこの壁のここのところにぶつけてください。はい、ここへ、ここへ」と声を届かせるところを指し示した。

また手のひらを軽く開いて、その手に向けて声を集めるようにと学生に要求していた。

――学生は斎藤先生の少し開いた手に声を集めようと体を乗り出していた――斎藤先生は「そう、そう、いいですね」と学生に語りかけながら指揮をしていた。わたしは前後左右と動

斎藤喜博の指揮指導の光景（於授業分析センター　1975年秋）
※後方で見守っているのが斎藤喜博

く斎藤先生の姿を横で見ていて、「少しおじいさんだなあ」と思いながらも、「『指揮』って、こうするのか！　面白いな」と感じていた。

・合唱指導を受ける

１９７６年11月、授業分析センターでの合唱指導だった。

教材「梅の花ひらけ（作詞斎藤喜博／作曲近藤幹雄）」。

曲のなか、斎藤先生はわたしたち学生の前に立ち、右手を挙げ「ここを見てください」と言った。わたしはその手を見た。わたしはそこに心も体も集中させなさい、と求めていると感じた。そこに心と体を向けた。先生はわたしたちの声や体をその手で動かそうとしていた。「『小枝、小枝に（歌詞）』はこっちの梅の花が咲き、またこっちに咲くように声をここに持ってきてください」と手でその位置を示したり、「声をもっと遠く、こっちに持ってきてください」と後ろに下がりながら、わたしたちの声をつかんで引っ張るように手を持っていった。わたしたちはその要求に応えて歌っていた。

呼吸などの指示もわたしたちが歌う旋律のなかで、「はい吸って」と言って、わたしたちの体を引き上げるように腕を下から上に挙げていた。わたしたちはその指示で息を吸い、次の旋律に心も体も持っていった。わたしたちは集中して歌っていた。

途中、呼吸や発声の練習としてピアノの音に合わせて「あ、あ、あ、あ、あ、ああああー」と声を出しながら、音階を上げていくこともやった。

・「授業（介入授業）」を参観する

1977（昭和52）年12月、「教授学演習」で宮城教育大学附属小学校3年生を対象とした「介入授業」（授業者：三塚寿江《学生》、介入者：斎藤喜博）を参観した。教科は国語（詩）「鰹釣り」（山村暮鳥）だった。大学3年生、「授業分析センター」でのものだった。

斎藤喜博先生の声はとても穏やかな声で、子どもたちに優しく語りかけるような話し方だった。子どもたちのことばを拾ってはそれを黒板に写し、子どもとやりとりしながら授業は進められていった。

わたしが今でも鮮明に覚えているのは、斎藤先生のひとつの行動だった。

先生のある発問に対して、多くの子どもたちが手を挙げていた。そのなかで先生は手を挙げていない女の子を指し、問いに対して「どう思うか？」と尋ねた。――その子はもじもじして発言しなかった。斎藤先生は、その女の子に「前に出て来るように」と言った。女の子は席を立って斎藤先生の座る教卓の脇のところまで来た。斎藤先生は「それじゃあ、あなたの考えをこの紙の裏に書いてください。だれにも見られないようにね！」とその子に話し掛けながら紙を渡した。女の子は自分の考えを紙に書いていた。斎藤先生も子どもたちも、参観しているわれわれもその様子をじっと見ていた。そのとき見ているわたしは教室の時間が止まっているように感じた。

女の子の書いた紙を手に持ち斎藤先生は「さあ書いたぞ。なんて書いてあるかな。みんな分かるかな。これはすごいこと書いてあるねえ」と少し得意そうに子どもたちに言った。子どもたちは、「どれ、どれ読んで!!」と笑顔で話していた。参観している学生も笑顔だった。教室が実に明るく和らいでいる雰囲気に感じた。

わたしはこの場面を見ていて、「へえ、子どもの意見を引き出すのにこういうやり方もあるんだあ」と感心した。

・体育指導（マット・跳び箱運動）を受ける

体育、教材「開脚腕立て跳びこし」の指導だった。分析センターでの「教授学演習」のことだった。

わたしが印象に残っているのは、踏み切り板への「踏み込み」の指導だった。斎藤先生は「踏み切りの仕方」を課題として取り上げた。膝の使い方に集中した。学生一人ひとりを指導するのではなく、一斉にみんなを並ばせ「はい、財布をほっと拾うように膝を使って、はい、ほっお、ほっお。膝を柔らかく使う！」とその動作をすることをわたしたちに求めた。わたしたちはその動作をやりながら、助走から板に踏み込むときの膝やつま先の使い方を覚えた。そのときわたしは、「こうゆう指示、指導もあるんだ。こうやってみんなに一斉に『踏み切り』を教える方法もあるんだなあ」と感心していた。

【武田常夫氏の授業】

1977（昭和52）年11月、大学3年生のとき、授業分析センターで5年生を対象とした武田常夫先生の国語（詩）「じんちょうげの花」（峠兵太）の授業を参観した。

横須賀薫助教授担当の「教授学演習」の一つだった。

授業を受けていて、わたしは教室があんなに明るく感じたことはなかった。後にビデオでそのときの「授業映像」を観た。すると教室はカーテンが掛かっており、決して全体は明るくはなかった。そのとき授業を見ていた自分の位置も違っていた。わたしは武田先生を正面から見ていたという記憶だった。映像では横の後ろの方にいた。授業で得ていた感覚と事実とは違っている。

先生はとても穏やかな感じでこともなげに教室に入って来た。ふっと椅子に座り、自己紹介と今回の授業が行われるまでの事情を話し始めた。教室の空気はとても柔らかく、子どもたちもわたしたちも期待感でわくわくしていた。

教材が書かれた紙が配られ、授業はすうっと開始された。

今でも鮮明に覚えているそのときの「情景と驚き」のことを書きたい。

じんちょうげの花　　峠　兵太

——タバコ屋さんの横をまがると
じんちょうげの花のかおりがします
その花のかおりをたよりにきてください
すぐわかります

となりの町にひっこしていった
あの子のたんじょう日の招待状に
そう書いてあった

授業が進み、先生は「……——」の後の詩の内容を子どもたちと確認し合った。するととつぜん武田先生が詩が書いてある紙を折って掲げ、「これがこの子がもらった招待状です。この内容だけで男の子は『あの子』のところに行けますか？」とわたしたちに聞いた。わたしはその武田先生のその授業の流れを断ち切るような動作と発問に

「はっ」とした。確かに「行けない」かもしれない、子どもたちもみんな「ふうむ」と静かに考え込んだ。このとき時間（とき）が止まったような感じがした。その子の住んでいる家までの町や道の様子、手紙を書く女の子、明るい光と空気、「じんちょうげの花」の香り、男の子の「あの子（女の子）への好意と懐かしさ」などが一瞬にわたしの頭と心に浮かび上がってきた。

幾つかのことについて武田先生と子どもたちは話し合った。最後に武田先生は「みなさんそ

れぞれいろいろ考えてみてください……」と言って授業を終えた。先生の柔らかな笑みが深く印象に残っている。

【横須賀薫助教授の授業・演習】

・「考える面白さ」を知る

演習のなかの授業で、横須賀薫先生が新美南吉作「はな」を教材文として取り上げた。先生はわたしたちに文頭の文――「どばし（土橋）のところで、けんぼうたちは、となりむらの子どもたちと、けんかをしました」の「土橋」とは何で、どのようなところに造られるのか？ 土橋の『ところ』とはどこを指すのか？ という発問をした。わたしたち学生は「土でできている橋」とか、「『土橋のところ』とは土橋が掛かっているあたり」とか、なんやかんや曖昧に答えたりした。「けんかしたのは『土橋の上』、『土橋のたもと』」など、盛んに言い合っていた。横須賀先生はわたしたちの発言が終わったころ、「土橋」の「ことばの意味」や「土橋のところ」の捉え方、「多様に解釈することの大切さ」などの話をした。わたしはそのとき「いろいろ考えることは面白いものだ！」と新鮮な驚きを覚えた。――文章を読むことは面白いことだ――ということを知った。

・〝表現活動〟をする

わたしにとって、この「表現活動」は自分の人生でもっとも晴れやかなものだった。こんなに開放的で高揚した感覚を味わったことは今までなかった。

1977（昭和52）年、大学3年生のときのことだった。わたしは学内の秋朋会館のフロアーで100名近くの学生たちの輪のなかに一人進み出ながら、「合唱と朗読、そしてピアノ伴奏と舞踊の構成による『利根川』（作詞斎藤喜博）」の一節を朗読していた。

その発表会は大学の授業で「表現に関わる各演習」の発表会として企画されたものだった。横須賀薫先生の演習を受けていたわたしたちは、その構成詩の朗読と合唱の発表を行った。

朗読をしているわたしには、鮮やかに周りを囲む人たちの服装や顔が見えていた。そのなかでわたしは胸を張り、口を大きく開け、少し前に歩みながらはっきりと「朗読のことば」を話そうと努めた。声は会館中に響いていた。わたしはピアノの旋律と前段の学生の「ことば」を聞きながら朗読していた。今までこんな多くの人の前で堂々としていたことはなかった。喜びと昂揚感を感じていた。

3　授業をやりたい――卒業演習を受ける（横須賀研究室）――

（1）研究室に入る

横須賀研究室に入った理由は幾つかあった。

横須賀先生を「気になる人だな」と感じたことが初めだった。

2年生のとき、授業のなかで表現を課題に「縄を跳ぶ」というものをやった。わたしたちのグループがその表現をやり終え、横須賀先生がそれへの講評をした。そのときわたしを指さして、「この人が一番下手です！」と言ったのだ。わたしは「えっ！」と少し驚いた。自分ではしっかりスムーズに縄を跳べていた、と感じていた。表現には自信はあった。

横須賀先生は続けて「この人は自分では跳んでいるつもりでも、表現としては跳んでいない。観念的なんです」と畳みかけてきた。わたしはその場で「何で?!」と反発や疑問を持った。それと同時にその発言への興味も抱いた。横須賀先生をわたしと全く資質の違う人だと感じた。

4年次になるとピーク選択がある。小学校養成課程の学生は、各教科等の研究室に入り、卒業論文の作成か卒業演習を受けて修了になる。そのときわたしにはピークの希望がなかった。社会科ピークで「地域の調査をやる」、国語科ピークに行って『宮澤賢治』について論文を書く」など、友達は所属を決めていた。「これ」と選べずにいた。わたしの周りにもピークを絞れず、どこにも所属しようとしていない学生が少数いた。そのようなな学生の受け皿として、「ピークレスピーク」というものがあり、その担当が横須賀薫先生だったらしいのだ。だからわたしは自然に横須賀研に入った。

小学校の公開研究会に参加したことも大きかった。そこでの感動が所属の遠因にもなった。1977（昭和52）年、3年生のときわたしは横須賀研の4年生の後にくっ付いて、石川県小松市立東陵小学校第二回公開研究会に参加した。

そのときの子どもの姿が目に焼き付いた。体育館だった。

6年生の一人の男の子が胸を張り、遠くを望むように手を差し伸べ、体育館いっぱいに声を響かせながらフロアーに歩み出ていた。清冽な姿だった。「表現と朗読のための構成詩『利根川』（作詞斎藤喜博／作曲近藤幹雄）」の朗読だった。

また、腕に障害を持っていた男の子が勇敢にマットに向かって走って行き、前にまわり立ち上がり、そして胸を張って歩み去って行く姿を見た。驚いた。

研究室の4年生は「万葉集の解釈」を話し合ったり、その「朗読」をしていた。また合宿などで「短歌」を作って互いに批評したり、それへの横須賀先生の指導を受けたりしていた。「変わったことをするな？」と感じながらも面白く参加していた。

それらのことがあってわたしは横須賀研究室に入ったのだと思う。

（2）卒業演習を受ける

横須賀研究室に一緒に入ったのは4名（男子2人、女子2人）だけだった。途中から内地留学（現職の教師）して来た人が加わり、計5名で卒業演習の指導を受けることになった。演習内容を時系列に書いていく。

★〈演習は何のためにやるのか〉

演習が始まったころ、横須賀先生が「教授学演習は何のためにやるのか」という話をした。「商船大で船乗りになるために『帆船航海訓練』というものがある。帆を使った基本的な船の操作と航海だ。今は機械化やコンピュータの操作で船を動かせる。しかし何故わざわざそのような手や体を使ったこと（訓練）をやるのか？ それは船を動かす船乗りにとっての基礎を教えることであり、海へのロマンを抱かせるためだ。『教授学演習』もそのようなものだ」

★〈5月、横須賀先生が「燃える島」という国語の教材を用いて授業をする〉

授業を始める前に先生は、「教材には教育的価値と授業的価値がある。例えばこの『燃える島』は多様な解釈を導き出すという点においてよい――授業的な価値がある――教材といえる」と話した。

★〈本『俳優修業』（スタニフラフスキー）を読み合わせる〉

5月、演習としての実技はやらないという前提で、『俳優修業』の読み合わせをした。俳優が舞台に立っているときの心理と、自分が教育実習で子どもたちの前に立って感じるものとが共通していることに驚いた。

★〈「模擬授業と介入授業」〉

「模擬授業」では学生が「教師と子ども」の役にそれぞれ分かれて、授業をしながら意見を出し合い、先生の指導も入って授業を修正したりしながら進めていくものだった。

わたしは5月に草野心平の詩「いぼ」を教材に模擬授業をした。この「いぼ」の詩は読み手に鮮やかな感覚や感情や想いを呼び起こさせる。子どもの想像する力（イメージする力）を引き出すよい教材だと判断し、これを教材に授業をすることにした。

詩のなかにある「冬眠」という「ことば」を辞書や辞典で調べることも楽しかった。「冬眠」はいつするか、どこでするか？ いつごろ蛙は目覚めるか？ などの疑問が出てくる。

「冬眠」をする生き物はほかに何か？　それぞれどんな冬眠のやり方かあるか？　冬眠中は何を食べている？　などなど。

まして子どもたちに想像させる発問を考えることは難しかったが、楽しい経験だった。わたしは「穴から出て来たとき、（蛙）は何を見たのですか？」を中心に発問して模擬授業に向かった。

同じ月に介入授業として詩「ミミコの独立」（山之口貘）をした。

そのときは横須賀先生がいま問題になっているところを整理してくれたり、他の発問を投げかけてわたしの授業が前に進むようにしてくれた。わたしの授業が淀みなくなった。

★〈演習の「記録冊子」を作る〉

横須賀研では１９７７年度まで学生と研究室の卒業生を結ぶものとして連絡通信「ひよことたまご」を作っていた。

通信「ひよことたまご」

その内容から「事実を記録する」ということを真似た。自分の受けた演習などの記録（事実と感想）をそこに書いた。そして自分の個人冊子を作った。名前を「ひよこのガリ刷り（ガリ版刷り）」とした。「ひよことたまご」から「ひよこ」を拝借した。

わたしは記録を読み返して、特に大切だと思うところに線

通信「ひよこのガリ刷り」

を入れたり、その部分を囲ったりして勉強した。例えば、自分がした詩の授業でこんな文章に線を入れている。「教材解釈は、たとえば詩の授業の場合だと、授業の核は詩の本質と重なり合っているものだ。」そのことばは、わたしがした授業・国語（詩）「ミミコの独立」（山之口貘）についての横須賀先生のものだった。介入によって詩のなかのミミコの姿が鮮明になったところについて述べたものだった。

★〈横須賀先生の授業を見る〉

横須賀先生はわたしたち学生の演習のために幾つかの授業をした。

詩「冬の夜道」（津村信夫）。

わたしたちは先生の発問を追いながら、詩の表す情景や詩人の心とその変化などをことばに沿って明確に想像した。「詩のことばや文をもとに考えること」の大切さや「発問を生み出す教材解釈の深さ」などもあることを知った。

研究室内の雑談でふと先生が、「国語というのは結局『ことばの勉強だ』」と言ったことを今でもよく覚えている。

★〈授業は非日常的行為〉

研究室の同僚が新美南吉の童話「ふるい馬車」を教材に模擬授業をした。授業者の学生が授業のなかでしきりにはにかんだり、舌を出したり、無造作に手を振ったりしていた。生徒役のわたしたちは「なにもそんなに恥ずかしがらなくてもよいのに」と少し心配していた。わたしも授業をしているときに、「いまの発問は失敗したな。子どもたちに反応がないな」と感じ、同じような恥ずかしがる仕草をしたことがある。それで彼がそうする気持ちはよく分かっていた。

授業のあと先生が、「それらの仕草は非日常性（授業は非日常的世界だ）からの逃亡と考えることができる。現象的にはそれがはにかんだり照れたりして表れる。授業している方がそのようだと聞いている方も集中が解ける」と言った。「なるほど」と思った。

★〈授業の「音声記録」を聞くときの心構え〉

研究室に3年生が附属小での実習でやった授業テープを持って入って来た。研究室にいたみんなでそのテープを聞いた。

「テープを聞くときは、テープを通してその授業を思い浮かべなければならない」と横須賀先生はわたしたちに言った。わたしたちは耳を澄ませテープを聴いた。

★〈7月、授業をする〉

わたしは授業をした。初めての演習での授業だった。教材は詩「クロツグミ」（高村光太郎）。授業は滅茶苦茶だった。横須賀先生が何とかそのつど介入して授業を立て直そうとした。しかし、わたしはその先どうしていいか分からなかった。自分の用意していた発問にしがみ付くしかなかった。

★〈卒業演習として「恐竜の授業」をする〉

卒業演習の課題は、「授業をし、記録を書くこと」だった。

わたしは「恐竜」を教材にすることにした。「恐竜」は子どもたちの興味・関心の対象のナンバーワンだ。「恐竜の絶滅」、最もみんなが知りたいことのナンバーワンのはずだ。これをやれば面白いことが続々出てくる。そう思って「恐竜」を教材にした。

恐竜について5〜6冊の本や図鑑を読んだ。恐竜について分かったこと、分からないこと、知りたいことや疑問などをカードに書き溜めた。

夏休み、研究室で演習として「授業づくり」についての指導があった。わたしは調べて溜まったカードの束を持って横須賀先生の前に臨んだ。

机の前に置かれた多数のカードを見て先生は言った。

「そんな、馬に喰わせる飼い葉じゃないいんだから、ただ集めればいいというもんじゃないだろう」

「何を自分のキーの発問にするか。その視点を持って調べ授業をするのだ！」と半ば呆れた顔で言った。それで検討はチョンになった。

わたしは課題に対して〝恐竜とは何か〟〝恐竜はどのように発見されたのか〟〝恐竜の絶滅の原因は何か〟の三点に絞って調べ、発問を考えて、授業を作ることにした。

8月末、研究室の学生が岩手県一関市立本寺小学校（渡辺皓介校長）で授業をやらせてもらうことになった。

本寺小学校は、渡辺皓介校長が取り組んでいる「授業研究を核とする学校づくり」に研究者として横須賀先生が参加している小学校だった。

本寺小学校に行く途中の道から見える景色はきれいだった。よく整理された田んぼの黄色い色が印象的だった。道路もよく舗装されていた。わたしたちは学校近くの家に泊めてもらった。本寺小の父兄の方の家だ。授業する日、出された朝食を勢い込んで食べた。

授業をする前に校舎の廊下のおおよその長さを測っていた。授業のなかで「恐竜の大きさ」を子どもたちに説明するためだった。

授業のなかで、「『プロントザウルス』の体の長さは、そうだなあ、みんなの学校の廊下の長さくらいあるんだよ」と得意になって話した。子どもたちは「へえ〜」と驚き、わたしは「やったな！」と少しいい気持ちになったりもした。

授業は結局「恐竜の種類が2種類あること」と「恐竜発見の物語」をしただけで終わった。肝心の「恐竜の絶滅の原因はなにか？」については、そこまでいかなかった。せっかく病気説、気候変動説、隕石衝突説と勢い込んで諸説を調べたのに……。

けれど自由に授業はできたと感じていた。子どもたちの顔が明るかった。教室全体も明るく感じた。

このときは横須賀先生も詩の授業「熊（新美南吉）」をした。大学の先生も学校で授業をするのだ、と感心した。

★〈表現の演習を受ける。（竹内レッスン）〉

９月に入り、竹内敏晴先生のゼミを受けた。竹内先生の演習は３年生のときから受けていた。竹内先生は東京から来ている演出家だった。多くの学生が先生のレッスンに参加していた。それは先生の演習（演劇的な要素を多く含んでいた）が単なる授業ではなく、わたしたち若い学生に「表現と解放」を与えてくれるものだったから、と私は考えている。

竹内先生のレッスンで特に印象が深く残っているのは次のようなものだった。

・イメージを喚起するレッスン

場が海のなか、わたしたちは海藻、竹内先生が「君たちは海に漂う海藻だ。いま君たちの近くにカニが歩いてきている、小魚も泳いでいる」「水面が揺れ出した。水のなかも……」とことばを投げかけ、わたしたちの体はそのことばに対応して揺らぐ……。

・相手と対応するレッスン

男女一組になり相手の体の一部に触れ、互いに見る側と見られる側になり、交互に相手の考え、または思っていることを指摘する。わたしはこのレッスンで相手の人に自分の考えていること、感じていることを見抜かれびっくりした。

想像で目の前にバランスをとっている四角の板があると仮定する。四人一組で誰かがその板に乗ったらバランスが崩れないように次の人が乗り、それを見て次の人が乗りバランスを取って行く。わたしはやりながらこれは相手と対応する訓練だと感じていた。

★〈合唱の指揮をする〉

10月と11月に「合唱の指揮」をした。

演習で初めて指揮をする学生がいた。曲は「さくらさくら」(日本古歌)。彼はわたしたちの前に立って緊張しているのか、身動き一つしなかった。それを見ていた横須賀先生が介入し「リズムに乗せる」と言いながらわたしたちの前に立ち、手拍子をして緩急のリズムを打った。わたしたちはリズムに乗って歌った。

★〈朗読の演習もやった〉

演習のなかでわたしは「ある晴れた日、ぼくは一羽のカモメになった」という文章を朗読した。その「ことば」を発音することによって自分のなかにイメージを呼び起こし、それをもとに朗読しようとしていた。横須賀先生は「息を吸ってゆっくり朗読する」ことを求めた。息を深く吸い「ある晴れた……」に入った。途中朗読を止めた。——そのとき朗読した声が自分の声ではない、と感じたからだった。——横須賀先生が「それでいい。自分の声だと思わない声がいいのだ」と言った。友人には「普段のオギタらしくない荻田が表れてよかった!」などと言われた。

★〈本からの「勉強の仕方」を教えられる〉

教材『教育学のすすめ』（斎藤喜博）

10月以降、わたしたちは「斎藤喜博」の本を読む演習をした。本に出てくる言葉を解釈する勉強だった。

・「授業は緊張関係の中に成立する」の『緊張』という言葉について

――斎藤先生が使う『緊張』と我々が普段使っている『緊張』という「ことば」の違いがちゃんと分からなければ、斎藤先生の使う『緊張』の意味が分かったことにはならない。――

・「授業の単純化」という言葉について。

わたしは『単純化』というのは「いらないものを省くことだ」と自分の解釈を出した。話し合いのなかで横須賀先生が、「単純化とは大事なものが浮かび上がること」という解釈を出した。思いがけないその解釈だった。演習ではこのように先生や同僚との対話のなかで新たな発見をする面白さと楽しさを味わっていた。

・「人が考え合っている上にもリズムがある」の『リズム』について

学生の一人が横須賀先生に「先生、思考のリズムを作るにはどうしたらいいのですか？」と尋ねた。「何が大切か」と先生は言い、「それは対象に対する愛情だ。『愛』だといってもいい。『やさしさ』と言ってもいい。斎藤先生はそれを無限に持っていると言ってもいいだろう」と話した。わたしは思考のリズムを創り出すものが『愛』などとありふれた「ことば」に拍子抜けをした。愛と思考のリズムとどうつながるのか？　対象への愛が思考のリズムを創るのか？

・「事件をおこす」について。

――「ある平衡状態のバランスが崩れるということ」――

「これは斎藤先生の『介入授業』や『わたしの授業』のなかの記録からそれに当たる部分を探さなければならない」と横須賀先生がわたしたちに言った。わたしは授業記録の読み方の一つを教わった。

・「教材の質の高さ」について。

横須賀先生はまず文に書かれている「ことば」の読み取りについて注意をうながした。

「ここで斎藤先生が『質が高い』という言葉を使うとき、他の分野で使っているのと同じ意味で使っているのだ。文章はそうなっている」「『質が高い』とはどのような時に使うのか。バター→（純度がいい）、酒（気持ちよく酔わせる）→（ある存在理由に最も適合するもの）。『では教材ではどうだ』と読み取りはなってくるのだ」

わたしたち卒演生は先生を中心に話し合いながら、『教育学のすすめ』のなかの文章を読んでいった。

その後、内地留学の先生と4年生全員が、「授業づくり」の記録を書いて「卒業演習」は終わった。

わたしは1979（昭和54）年3月に小学校教諭一級免許を得て、小学校教員養成課程を修了し卒業した。

宮教大での教師修業は、教師を志望していなかったわたしを教師の仕事に自然に向かわせることになった。

わたしは宮城県の教員採用試験を受けた。採用され小学校の教師になった。

第二節　雄勝町立船越小学校（初任地）――教師としての喜びと苦しみ――

〈1979（昭54）年～1984（昭59）年〉

1　教員・教師の原点を知る

(1)　楽しかった日々

1979（昭和54）年4月、リアス式海岸の湾の内にある、硯製作で有名な雄勝町の町立船越小学校立浜分校に赴任した。希望して僻地を選んだ。

1年生から4年生までの分校で職員3名。わたしは3年生6人の子どもたちの担任となった。楽しい日々だった。

4月、毎日の学校内での学習もあったが、新学期早々に子どもたちと分校の裏山を歩き、蕗の薹、木蓮、山桜、椿――椿は低木とばかり思っていたが、大きな赤い花を咲かせた大木の椿によって、その思い込みが一新された――、沈丁花の花も見つけた。U君が紫の小さな花（ちどめぐさ）を教えてくれた。キズに塗る、と言う。また磯に行ってゲンベ（どじょうのようなもの）、蟹、螺（つぶ）など見て回ったりもした。

夏近くには堤防脇の磯場に行って、蟹を捕ったり牡蠣を岩から削って子どもたちと食べたりもした。

冬には雪のある裏山で、ウサギの足跡や木の幹を囓って剝いだ跡などを見つけ、子どもたちとその発見に喜び合ったりもしていた。

（2）教科書を一生懸命教えよう

新任なので、教科の指導においては一生懸命に教科書の内容を教えた。問題集もやった。しっかり教えれば子どもたちはテストで100点だし、中途半端に教えると子どもたちは分からなくなる。

問題集は計算問題や漢字練習が主で、子どもたちに「考えること」をさせるものではなかった。教科書に書いてある正答を跡づけるものが多かった。わたしはそういう意味で問題集や教科書の練習問題ばかりやることに不満を持った。

（3）子どもたちが授業中わたしの話を聞かない

6月頃になった。子どもたちが授業中なかなかわたしの指示や話を聞かなくなった。声を高めても子どもたちは隣の子と話をしている。目の前にいる、声も視線も届くたった6人なのに、わたしは授業のなかで彼らに話を聞かすことができないのだった。

わたしはある日、子どもたちのこのような状態に対して怒りを覚え、授業のとき指示も発問もせず黒板の前で黙って立っていた。子どもたちはどう反応するだろう？　授業時間をどう過ごすだろうか？　何をするだろう、子どもたちはどうでるか、わたしは知りたかった。

わたしは、「センセイ、勉強教えて、黙ってないで何か言ってよ！」と言ってくると期待を込めてそう予想していた。だが、予想は裏切られた。子どもたちはただ黙っていることはせず、ハーモニカを吹いたり、粘土をいじったり、ビー玉を転がしたりしていた。教科書をぱらぱらめくる子はいたが、勉強する子はいなかった。子どもはわたしの気持ち（子どもたちは勉強を求めてくる。そう言って来て欲しい）を察することなどはしない。わたしはその事実に驚き、「子どもは放任しても自分から勉強に向かうことはない」ということを思い知らされた。

またこのころになって、子どもたちが互いに相手の欠点を指摘したり、言い合いをするようになっていた。わたしは彼らが互いの言動ばかりに関心を向けるのではなく、何か他のことに関心や集中を向けるよう指導しなければならない、と感じた。また彼らに互いに相手のよいところ、素晴らしいところを知ることを経験させなければならない、とも思った。わたしはそれを授業でやろうと考えた。

クラスの子たちはとても元気だし、活気があり好奇心旺盛だった。けれど何かクラスとして「ぴりっ」としたものがない。「ぴりっ」としたことをしたい、とわたしは願った。

（4）一枚文集を出す

4月当初から「一枚文集」を出していた。子どもたちの作文を載せた。子どもの「自己表現」の一つとした。自分の書いたものが印刷されてみんなが見る。そのことで子どもたちは互いに自信と他から学ぶことを知る。そう考えて作った。

また、学習として「作文力」を付けたいとも考え、そのつど「課題」を与えて書かせた。

「文集の名前」は山村暮鳥の詩「鰹釣」から取った。子どもたちの父親のなかには鰹船に乗っていたり、遠洋マグロ船に乗っている人がいた。詩句のなかに子どもを想う父の気持ちが込められている。だからこの子どもたちにこの題がふさわしいと考えた。子どもたちからは、「ウルトラマン」や「若乃花」などの題名が出たが、わたしは「鰹釣」で押した。

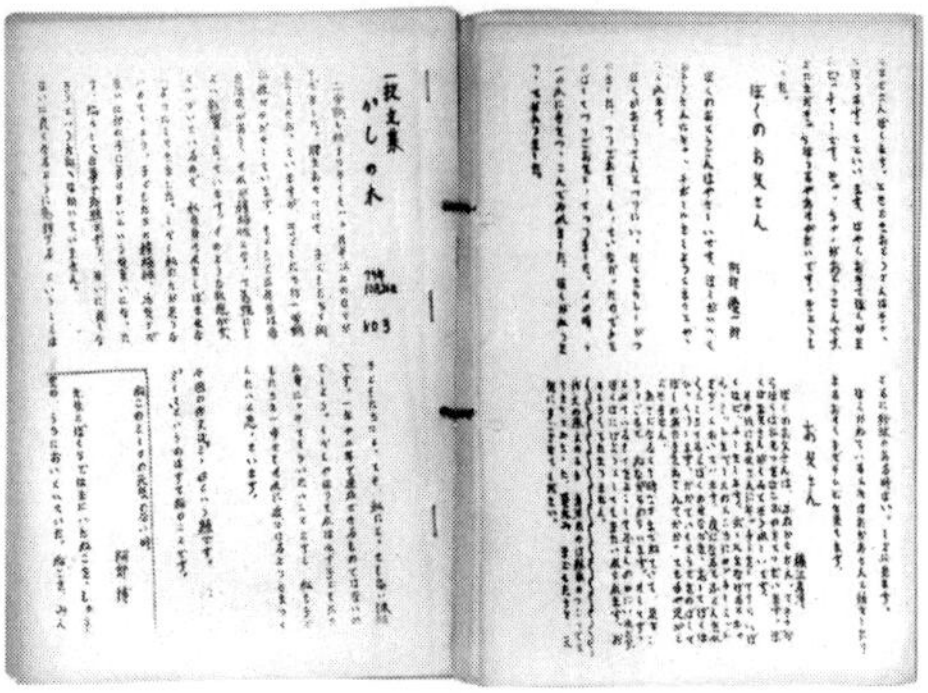

学級文集「かしの木」

　4月は「先生あのね」という題でいろいろな日常のなかの「発見」を書かせた。

　7月のNo.２では自分以外の「こと」や「もの」に関心を持たせようと「自分の家で1番古いもの」「ぼくのお父さん」という題で書かせた。

　子どもたちの書いた作文を読んだり「評」を書いていると、子どもというものや人間というものについて新たな発見や感動がある。そのこともわたしが文集を出し続けた原動力になっていた。

　9月には子どもたちの感情を鮮明に出させるため、みんなで体験した「海に捨てられた猫をクラスで保護したこと」を書かせた。

12月には題を「学芸会で面白かったこと」、「ぼくの一番楽しい時」として、そのときの自分の内面を表現させることを目的とした。子どもが楽しいときは何のときか、どのようなときか、なども知ることができた。

1月には知的好奇心を高めるために、学期末に見に行く「恐竜展」について、「ぼくが恐竜を見に行って一番見たいところ、知りたいこと」という題で書かせた。

最終号の№. 6は「大恐竜展」を見に行っての感想とその後のわたしの「フタバスズキリュウ発見の話」の感想文を載せた。1年間で6号と短いものだったが継続して出してよかったと思う。

(5) 実践に取り組む（描画の授業）

2学期になり、わたしも子どもたちも「ただわたしが教科書を読んで、板書やプリントを使って学習内容を教えるだけの授業」に飽きてきた。またわたし自身は決まった行事を少し楽しいものに工夫するだけの指導に満足できなくなっていた。クラスで「ぴりっ」としたことをやりたい、と感じたのはこのころからだった。

授業のなかで子どもたちに集中力をつけたり、能力をつけたり、互いに学ばせる経験をさせたい。そうでなければ、ただ「時」が過ぎていくだけだ、と強く感じていた。

秋になっていた。図工の描画を通して、子どもたちの観察力、色彩感覚、描写力などの表現力と学習に対する集中力を引き出したいと強く願った。

わたしは「落ち葉」を題材にすることにした。落ち葉を見るたびに、その葉の輪郭のかたちの面白さやいくつもの色が重なったような葉の美しさに心引かれていた。この時期この子どもたちには、「落ち葉」という題材がいいと思った。

落ち葉一枚が入る大きさの画用紙を用意した。子どもたちはまだ柔らかさが残った「落ち葉」の輪郭やその深い色を描いていた。

わたしは子どもが描いた「落ち葉」の複雑な輪郭線や深い鮮やかな色に驚きを感じた。

12月なっていた。この子たちはもっと描ける、どんな題材がいいか?

そのころ、分校の近くの大浜では「銀ザケの養殖」が始められていた。わたしはたまたま子どものお父さんに誘われて、養殖棚から銀ザケに餌を撒くところに立ち会った。餌が水面に滴のように撒かれ、落ちた瞬間にバシャバシャと水しぶきを上げて、銀ザケの子が跳びはねてくる。そのとき、銀ザケの子の白い腹と青い背中の色が目に跳び込んで来た。きれいな色だった。

わたしは紅葉した「落ち葉」の次は「銀ザケの子」を題材にできると思った。

弾力のある体、少し赤みの線も入った青い背と銀白の腹。プラスチックにおおわれたような青い目。これらの美しさを子どもたちに描かせたい。子どもたちは描ける、追求できる教材だ、と思った。

わたしは発問を工夫し、描き方、塗り方の原則(一度引いた線は途中で切らないで最後まで引く。間違っても消さない。まず全体に黄色を塗る。色を重ねることによって求める色を作っていく。前の色が乾いてから重ねて塗る。色がぶちらないように水を加減する等）を決め、よく見て描くことを子どもたちに求めた。

6人の描いた「銀ザケの子」の絵は素晴らしかった。本物の「銀ザケの子」より本物らしかった。生き生きしている。色がとてもきれいだった。

わたしは学生のとき、宮教大附属小学校の教育実習で壁に掛かった子どもたちの絵を見たことがあった。その絵に表れた附属の子たちよりこの6人の方が強く能力を出している。その質も上だ。能力に地域の差はなく、それが発揮されるか、されないかの違いだ、と思った。

（6）親と子

6人の子どもたちはそれぞれ個性的だった。まじめで正直で、学習もしっかりやり運動も得意で目鼻立ちがはっきりしたA君。いたずら好きで野球が大好きなT君。おっとりしてぼそぼそとかわいい声で話し、それでいてものごとをよく見て考えているH君。猪突猛進でいつも大きな声で話し、教室や校庭を突進しては転ぶこともある、あわて者のY君。けれど彼の優しい心は皆に理解され愛されている。いつも静かに周りのことを見ているクラスでただひとりの女の子Kさん。そして3年生でも一人で釣りに行くわ、校庭の隅の小屋の奥から青だいしょうのしっぽをつかまえて引きずり出し、振り回し級友をキャーキャー言わせ、「あははははー」と笑っているU君。よい子どもたちだった。

しかしその子どもたちの背後に苦労して生活を支えている親御さんたちがいることを、新任として過ごすうちに分かってきた。

Y君のお母さんは若くして旦那さんを海で亡くし、一人手でY君を育てていた。Y君はお母さんが仕事をしているので、帰宅時はおばあさんの家で過ごす。そのお母さんが教室にみんなにと花をY君に持たせてくれたこともあった。

へびを振り回していたU君は面白い子で機転も効き、頭の回転も速く実行力に優れた子だった。わたしはU君を人間としても興味があり、このような子を育てている親御さんはどのような方か興味があった。

家庭訪問のときのU君のお母さんがわたしに言った「ことば」が忘れられない。

「自分は肩肘はったことや決まりや形式的なことが嫌なのしゃ。頭にくんのしゃ。だから自由にしてんのっしゃ。だから、ほれUもきままなのしゃ。Uが大きくなってもね、せんせい、Uほら先生みたいに頭いくねっしゃ。だからUは船に乗るって、船頭になるって言ってんのっしゃ。だからUが行きてえ、と言うのなら水産高校に入れて、と思ってんのしゃ。できねえものを無理にやらせて勉強させて、ねえ、せんせい。親はぁしゃ、せんせい。自分だちが苦労してるんだから子どもには苦労させてくねえと思うちゃ、せんせい。先生みてえに、大学だど、ほら先生方の給料なんて一番安定してぺっちゃ。んだから親は勉強させたいと思うちゃ。けれどね、せんせい。なにも食っていけさえすればね、せんせい、頭ねえんだもの、ないもの無理して学校に入れることねちゃ、ねえ、せんせい」

雄勝では中学を卒業すると、ほとんどの子どもたちが石巻の高校に行く。そのため学費を払い下宿させるとなると大変な金額がかかる。そのために親御さんたちは昼夜働いている。

12月、U君のお父さんが鰹船から帰って来るというので、お父さんは「どのような人なのか?」興味がありに会いに行った。静かなものやわらかな人だった。お父さんは右耳が遠く補聴器を掛けていた。鰹船に乗っている人だった。そのお父さんがわたしに向かって、「Uをよろしく頼みます」と頭を下げられた。わたしも頭を下げた。

長期間のマグロ船航海から帰ったK子ちゃんの父親は、K子を膝の上に乗せて「この子に何の土産を買ってくるかいつも考える」と言う。

わたしは教師として、それらの親御さんの子どもを預かっているのだ、と深く思った。

(7) 地域と学校

またわたしは地域の人が分校を自分たちのもののように愛着を持っていることを教えられた。分校校舎も地区が管理する山の木材で地区の人たちの手で作られたものだという。

運動会と学芸会のときは、それをとくに強く感じた。

運動会は地域の人たちも一緒に参加する競技もあり、お昼も地区の人たちみんな寄り合い、わたしたち教師も一緒に混じって食べた。笑い声あり歓声ありだった。

学芸会は子どもたちのお母さん方が大忙しの場だった。分校で20数名しか児童がいないのに、一人3種目以上の演目をやる。舞台裏は着替えやら道具の準備で、お母さんや子どもたちでてすし詰めだった。それでも楽屋は笑い声が絶えなかった。子どもたちは劇やぶち合わせ太鼓や日舞の「藤娘」までやった。演目が一つ終わるごとに、会場のおばあさん方から「おひねり」が飛んできた。学芸会で演じる孫の姿を見て「いままで節々が痛かったのが、孫の姿見て、うれしくて、うれしくてどこも痛くなくなってしまったのしゃ」と語ったおばあさんもいた。

親御さんたちも地域の人たちも学校に愛着と信頼と願いを持っている。先生のことも大切に思っている。そのことを知った。

2　子どもを掌握したい

(1)　実践への強い思いだけでは子どもを掌握できない

わたしは峠を隔てた本校に移った。分校では3年生6人の担任だったが、今年度（1980年度）は4年生22名の担任になった。

多人数の魅力を知った。

国語の授業、とくに「言葉や文章の読み取り」などの学習では、子どもの数が多いと多様な意見が出て話し合いが活発になる。わたしは教室にはある程度以上の人数の子どもがいないとならないものだと、そのとき分かった。音楽の合唱の指導のとき、算数の問題をみんなで考えるとき、いろいろな感覚や考え、発想の意見が出ないと、問題に対して比較や検討もできず、新しい発見や楽しさも生まれない。理科や社会もそうだ。

分校での楽しく充実した教師生活を味わって本校に来たので、「よしやるぞ！」という気持ちだった。子どもたちもかわいかった。やれる、と思った。しかしわたしはその後の2年間、教師として辛苦を味わうことになった。

この年、学期当初にこのような計画を立てた。

①年間の実践計画を立てる
②昨年の反省をしておく
③「恐竜の授業」をする
④音楽で楽しい歌を歌わせる

6月ごろになると、子どもたちの学習や生活の様子がよく見えてくる。今年は、音楽（合唱）の実践を通して子どもを育てようと考えていた。

6月、この時期の子どもたちの状態、とくに合唱の視点に立って、どのような教材を使いどのような力をつけるかを考えなければならない。

わたしはまずこの子どもたちにはいろいろな歌を歌わせて、「歌うこと」が楽しく苦にならず、歌うことが当たり前の感覚にすることが大切と考えた。

楽しく歌うことに適した曲を選んで、朝の会、帰りの会、音楽の授業を使ってたくさんの曲を歌わせた。しかし、子どもたちの歌う顔には精彩さや明るさがなかった。そのころ自らの実践を検討してもらうため、「第4日曜の会」という教師主体の実践研究会に参加していた。わたしは初めて、8月の会に実践報告（音楽・合唱）を持って参加した。

テープを聞いてもらったあと、その合唱について話した。

「自分ばかりが一生懸命で、子どもたちの歌う顔に明るさも楽しさもない。そのような状態がずいぶん続いている。子どもは歌うことを楽しんでるのではなく、声を出せばいいというような感じがする」。

検討会では次のような意見が出された。

・20名くらいいるという子どもたちの合唱であるのに、5、6人が歌っているようにしか聞こえない。

・教師は自分が歌わなくてもよく――わたしは自分も歌いながら指揮をしていた。――歌って指揮することはない。

・子どもにとって喜ぶ歌なんだが喜んでいない。この子たちにとってはこの曲はいい曲ではない。リズム感のあるやつの方がいい。

・子供たちが暴れて困っている。（荻田）

・荒れているのは音楽だけで片づけられるものではない。

・話を聞かないんだから子どもが聞いてくれるような話をする。一日一回でも子どもが「おっ！」と思うような話をしてやる。その繰り返しが必要だ。

2学期になって体育で「マット・跳び箱運動」に取り組んだり、「描画の実践」もした。実践によって子どもたちがよくなる、と信じていた。しかし合唱では子どもたちはあまり口を開かなかった。また体育の授業での「前まわり」を指導しているときも、マットの周りで遊んでいる子どもたちがいた。

子どもたちは学習でも生活でもざわざわした状態だった。子ども同士のけんかもなくならず、「そのような子ども同士のけんかをなくすために実践をしているんだ」と尚更、意地になって実践に取り組んでいた。

もちろんわたしはけんかの原因を考え、それをもとに日常の学校生活のなかで子どもたちの心や気持ちに配慮して「ことば掛け」などもした。——けんかをしている子どもの互いの意見をよく聞いて、それぞれ理解させ仲直りをさせた。——しかし何かのことをきっかけにまた同じ子ども同士がけんかをするのだった。そのことを悩み、教師として反省しノートにそのことを書き付けたりしていても、現実や事実は変わらなかった。

実践などと言わず、授業のやり方をいっぱいマスターすればいいのだとも考え、授業内容を正確に教えることに努めたり、指導書などに書いてある指導の方法や内容を読んで授業もした。体育の時間、「宮教大附属小の体育の指導から『棒を使った運動』」を取り上げそれをもとに授業もした。

そのときは子どもたちはすんなり授業に参加していた。授業の通し方がはっきりし、次に何をやるか分かりやすい授業だった。しかし子どもたちの状態はあまり変わらなかった。

子どもの心をつかんでいない、と感じ続けていた。女の子たちがわたしに背を向けている。子どもたちに配慮のない言動や曖昧な指示などすると、とくに女の子たちは「まったく、もう」と言って遠ざかる。わたしが怒ったりしたとき、子どもたちは黙ってはいるが、女の子たちどうし固まったりしていた、子どもたちがわたしから離れていった。

（2）日誌を付ける

翌年度（1981年度）、わたしは2年生19名の子どもたちを受け持つことになった。

昨年は子どもとの関係が上手くいかなかったので、今年は子どもをよく見よう、子どものために尽くそう、との意志を強く持った。

「日誌」を作った。「日誌」を書くことによって子どもを見る目が意識的になる。それによって子どもの実態をつかみ、それへの対応ができる。学生のときの演習で横須賀先生が「斎藤喜博」の若いときのノートを示しながら、「斎藤先生は若いときこのようなことをやっている。そのことが大切だ」といった「ことば」を覚えていたので、それも日誌を付ける動機になっていた。

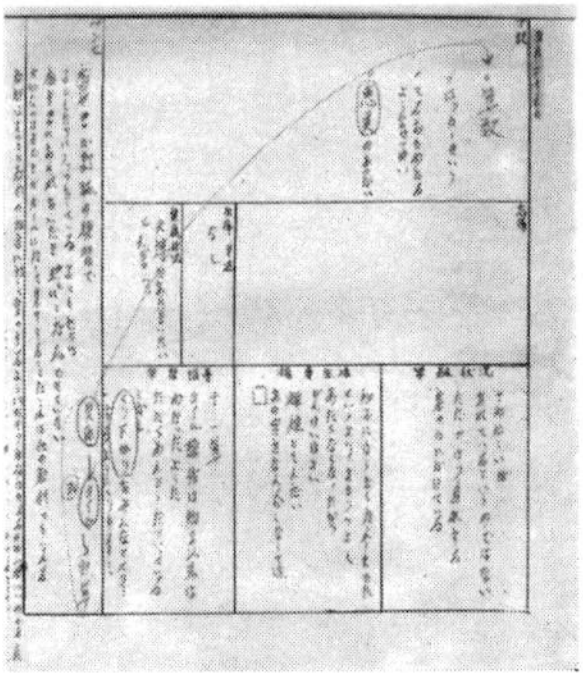

学級日誌

日誌を書くことによって、子どもたちの様子や状況がよく分かるようになり、その対応や対策も考えられるようになった。そしてそれに対応する行動もした。しかし、自分からはなかなか話さない子どものことや子ども同士のけんか、クラスの子どもたちの授業や生活の「ざわつき」に悩む記述は続いた。

（3）実践による二人の子どもの変化

行き詰まっていた。このままでは駄目だ、と感じていた。

昨年度の後半、唯一子どもたちがわたしに信頼の感情を寄せたのが、描画の実践で「落ち葉」を描かせたときのことだった。子どもたちは描いた絵を持って「センセイ、つぎどうすんの？」「見てけらい、センセイ！」と言って来た。そのとき、子どもがわたしを信頼して学習しようとしている、と感じた。

1学期から気になってる子どもが二人いた。T君とHさんだ。二人とも算数の足し算や引き算のやり方がなかなか理解できていない子だった。T君は口が悪く、すぐ友達とけんかをすることが多かった。Hさんは自分の考えや思いを口にしたり表情に表したりすることが少ない子だった。学期を通して二人のそのような性格を変えることはできていなかった。

しかし、2学期の後半に二人に変化があった。T君が学習に対し積極的な「ことば」を言い出した。Hさんが自ら勉強に取り組むようになり、以前より心も態度も落ち着いてきた。そのきっかけは二人の「マット跳び箱運動の成功体験」にあった、と思った。それは確かなことだ、と思っていた。

学期当初、体育でマット・跳び箱運動の実践をすることを決めていた。そして12月に研究授業を引き受け、それを発表の場にしようと考えていた。教材は「開腕立て跳び上がりおり」と「前まわり」だった。

「前まわり」の教材を選んだのには理由がある。マット運動の教材「前まわり」は1年生で取り組むものだが、子どもたちの回っている様子を見ると、しっかりできていなかった。だから全員できるようにさせたい、きれいに回れるようにしたい、と強く願っていた。少し困難ではあるが挑戦することが必要だ、と子どもたちを見て強く感じた。

二人とも初めは上手く回れなかった。回ろうとする意欲も弱かった。二人はできなかった。できないことでなお消極的になっていた。わたしの発問や指示が悪いのか。わたしの発問や指示が彼らの回ろうとする意欲を削いでいるのか、悩んだ。

12月、研究授業を利用してマット運動を発表する場を作った。一人ひとりがマットに向かう。わたしはマットの斜め前方にいて、子どもたちの運動を見守っていた。わたしは二人に対し自分の持っている発問や指示は言い尽くした。二人はわたしの補助を受けて回ったことはあった。しかし自力で回れたことはなかった。当日は彼らを信頼して、できるかどうかは彼らに下駄を預けた。

T君は見ていて駄目かと思った。ところが自分で体の動きを立て直し、今までで一番よい「前まわり」をした。Hさんもきれいに回り、満足そうな笑みを少しこぼしていた。「本番の力」か、と驚いた。

Hさんはその後「せんせい、前まわりやろう。跳び箱やろう」と言ってくるようになった。T君もわたしに学習に前向きな話し掛けをしてくるようになった。二人の積極性は算数のかけ算の学習のときも表れた。

(4) 一つの事件 (家出した女の子と学級づくり)

1983(昭和59)年、そのことが起こったのは持ち上がりで6年生を担任していたときのことだった。その年の11月4日に起こった。

わたしの学級の一人の女の子が帰宅後、母親に「2、3日学校を休むから先生に言ってくれ」との旨の手紙を置いて行方不明になった。結果的には家の近くの納屋の2階に寝ていたのだけれど、発見されるまでの2時間半、小さな部落を騒がせ警察に連絡するまでの事件になった。

どうしてそういうことをしたのか、その子は何も言わなかった。家族にもわたしにも友だちにもとうとう最後まで言わなかった。

しかしわたしには心当たりがあった。しかしそれが本当のことかは、未だに分からないのだが……。

わたしは6年になってから、彼女が他の女の子たちと一緒に通学して来ないことに気がついていた。N分校から船越本校までの車がやっと一台通れる道をいっしょに通ってくるのだが、その子は他の数名の女の子たちと距離をとって歩いているようだった。

女の子たちは、その子をいじめているとか仲間はずれにしているということはなかった。生活はいつもの様子だった。女の子たちは明るく聡明な子どもたちだった。ただその子は「仲間に入れないという意識でいた」と後にわたしに言った。彼女たちは自然に分かれていた、ということが実態に近いだろう。

なぜそのようにN分校から通う女の子たちが自然に分かれていたのだろうか。わたしには思い当たることがあった。

N分校から来た女の子たちには共通して身に付けていた個性があった。学習においてはまじめに取り組み、内容を正確に理解し、ノートの字もきれいでよく整理されている。思考力もあり、性格も明るく生活もしっかりしている。素晴らし個性だった。

それらの個性はよい意味で分校の前の担任の先生（その女の先生は年間200号以上の学級通信を出していた。それぐらい子どもたちの教育に向かい、手をかけていた先生だった。わたしも畏敬していた。）の教育実践によって作られた資質・個性だ、とわたしは思っていた。分校の子たちは濃度の違いはあれその共通した個性、資質を身に付けていた。本校やT分校の子どもと異なった個性の印象をもっていた。男の子たちもそうだった。

わたしは担任になって、その子たちがよい資質であることを感じていたのでそれ以上の子どもにしなければ、と思っていた。わたしは実践に取り組んだ。

学級の多くの子どもたちはわたしの授業を好み、慣れ親しむようになっていた。N分校の女の子たち以外は……。

わたしはわたしの実践がその女の子たちをさらに質的に高めていないことは実感していた。彼女たちもわたしに親しもうとして寄ってきては話しかけたり、冗談を言ったりはするが、彼女たちにも分からない心理的な距離感を持ち、わたしに対して一線を引いていた。

その状態が5年生から の一年半続いていた。

5年生の終わり頃より、その子だけがわたしの教師としての指導のスタイルになじんだり、好むようになっていた。彼女は他の女の子たちと距離をとって歩くようになっていたようだった。わたしはそのことが彼女と女の子たちの距離を作っているのではないか、と感じていた。わたしはわたしがその女の子たちを掌握仕切れなかったことが、その子と他の女の子たちに層を作っていたのではないかと思った。それが現象的には女の子同士離れて登下校するようになった原因になっていたと思っている。女の子たちはそのことを感覚で感じていたのだと思う。

わたしは学級全体を掌握できなかった。

3　心に深く残る三つの「学習活動」

山あり谷ありの教師修業だった。そのなかで深く心に残る「学習活動」が幾つかあった。「サケの学習（理科）」、合唱「ふるさとの歌」、版画「友達の顔」の3つ。

（1）理科「サケ（鮭）」の学習

1980（昭和55）年度は学級経営がうまくはいかなかった年だった。「子どもを掌握したい（1）」のときだった。4年生だった。しかしそのなかで一つだけ「強く印象にある学習」があった。「サケ（鮭）の学習」だった。

雄勝にある「サケの孵化場」からサケの卵を分けてもらった。教室のうしろのロッカーの上に5個のビーカーを置いて、ひとつに4、5個の卵を入れた。子どもたちに観察日誌で「発見したことや気づいたこと」を書かせた。日誌には絵を描く欄も作った。

水の管理は難しく、20数個の卵のうち残ったのが5、6個だった。絶えず水は流れがなければならなかったのか……。温度管理にも気を使ったのだが……。子どもたちはビーカーを見に行くたびに発見をして喜んでいた。

「おっ、目がある。黄色い袋があるよ、センセイ」「ぴくぴく動いている」「泳いだ!!」

ある朝、教室に入るとビーカーを見ていた子どもが「センセイ、腹に袋つけて泳いでる！」と走って来た。何人かがその卵黄を付けて泳ぐサケの子の前に集まっていた。その稚魚はお腹の黄色い袋を付けながらちょこちょこ泳いでいた。

袋が取れて自分でエサを食べるようになった。わたしは2、3センチになり背中の青い縞模様がついた稚魚を子どもたちと船越湾に放した。

調べ学習として、「サケのこと」をグループで調べ、模造紙にみんなでまとめて発表会をやった。子どもたちは調べる過程でいくつかの発見を得たようだった。「サケは川で卵を産み、稚魚は川から海に行き、大きくなって生まれた川に卵を産みに戻って来る。稚魚を何万匹も放しても帰ってくるのが３００～５００匹だけ。サケは４～５年かけてアラスカやアメリカまで泳ぎ、大人になって自分の生まれた川に帰って来る。雌と雄の顔は違う。特に『口、鼻、歯』」。そのようなことが絵や表を用いて描いてあった。

わたしはそれらの学習の余勢を駆って「サケの回帰について」の授業をした。考えさせたい学習課題は「鮭はどうやって帰る自分の川が分かるのか？」だった。

わたしは「どうやってサケは放流した川に戻って来ることができるか？」を子どもたちに問いかけた。放流され、湾を出て外洋に出て４、５年かけてアメリカの方まで行って戻って来る。サケは海の水のなかを泳いでいるとき、周りを遠くまで見えるはずはない。人間だって３メートル先を泳ぎながら見えない。まして大海で自分の泳いでいる現在地が分かるはずがない。それなのにどうやってアメリカから泳いで来て、日本の雄勝を分かることができるのだろう。生まれた川が分かるのだろう。

子どもたちからはいろいろな意見が出た。

・稚魚は川を下りながら途中に目印して石を落とす。

（わたしは子どもの意見に自分自身が泳ぎながら周りの土手や草が見えるようだった）

・サケはコケや川のなかの食べ物を食べ、その味を覚えておく。

（わたしはそのことばを聞き、思わず苔を口のなかに含んだような味を感じた。子どもの「臭いを覚えておくんだ」という意見にもはっとした）

わたしは子どもたちに考えの幅を与えようと、「渡り鳥は飛ぶコースを星の位置を見ながら決めることの話」をした。子どもたちには、「サケも星や月の位置を覚えているのかもしれない」と言った。それをきっかけに子どもたちからは次々といろいろな意見が出てきた。「水の温かさの違いで分かる」「海の臭いで分かる。川や海にはいろいろなものが流れているから」。話し合いは盛り上がった。

(2) 音楽（合唱）「ふるさとの歌（作詞木村次郎／作曲丸山亜季）」の「学習」

校舎の玄関脇で、わたしは5年生の子どもたちを前に指揮をしていた。

1982（昭和57）年、船越小での4年目であり、5年生32名の担任だった。

音楽の合唱指導は新任のときからやっていた。しかし教材選びをまちがえたり、合唱の指導がうまくいかなかったことが多かった。力んで指揮をして、却って子どもたちに緊張感を与えていたこともあった。合唱における「呼吸の課題」が克服できなかった。わたしは満足な実践はできていなかった。子どもたちと一体になった指導ができていない、と感じていた。

楽譜「ふるさとの歌」

しかし、この「ふるさとの歌」の指揮の経験だけは、

「子どもたちといっしょに教材を追求している」という実感を深く持ったものだった。指揮をしていて要求をだしながら子どもの声と表情と揺れながら歌う姿がくっきり見えていた。楽しいなあ、凄いなあと感じながら指揮をしていた。

（3）図工（版画）「友達の顔」

6年　図工「友達の顔」版画

1983（昭和58）年、持ち上がりで6年生を受け持った。32名の単学級だった。

その年度、教科での実践として体育と音楽（合唱）と図工（描画）に取り組もうと考えていた。

とくに図工（描画）においては「鞄の絵」から始まり、卒業前の「校舎の絵」までの一年間を通した実践をした。

そのなかで最も子どもたちが集中し、充実感を持った実践が図工（版画）「友達の顔」だった。

船越小学校は立浜分校、名振分校の二つの分校を持つ。4年生まではそれぞれの分校で過ごす。しかしそのことはあっても、子どもたちは6年間単学級でともに学習や生活をしてきた、と言える。わたしは「その友達」を互いに「記録（版画）」として残させたい、と強く願った。子どもたちに版画を彫ることを通して、互いに今まで知らなかった友達のことを驚きを持って再発見させたいと思った。

《実践の記録》

◎お母さんの作文を書く

わたしはまず初めに、子どもたちに「お母さんの手」という題で作文を書かせた。友達の顔を彫るためには、まず子どもたちに対象（顔や姿）に対する関心、興味、発見、感動を抱かせなければならない。それにはまず、子どもたちの愛情の対象であるお母さん（お母さん方はよく働かれ、子どもへの情愛も深い）に目を向けさせるのがいい。苦労している浜のお母さん方の個性は「手」という具体に表れている。だからその「手」について作文に書くことは版画「友達の顔」への実践につながる。そう考えた。２００字程度で作文に書かせた。

◎下絵を描く

下絵を直接に版へ描かせた。互いに描く相手を出席番号順の男女のペアにした。子どもたちからは「○○さんがいいなあ」「○○君、動いてばかりで嫌だあ」などの声がとんだ。わたしは子どもたちに敢えて描く対象を「初めて見る」という違和感や緊張感を与えたいと考えた。互いに向かい合わせで5分か10分ごとに交代で描かせた。

大失敗をした。下絵が漫画になってしまった。版に直接に鉛筆で顔（首や胸まで入れる）を描かせた。大きく友達の顔を描くことを要求した。顔の正中線、横断線で顔の輪郭と向きを捉えさせた。わたしは今はだいたいの輪郭線が取れていればいい、そこからグイグイと子どもたちに描かせる、そうしようと考えていた。これが間違いのもとだった。

子どもたちが鉛筆でだいたいの顔の輪郭をつかんだと判断し、青マジックを使い一本の線で顔、目、鼻、口の線を短時間で入れさせた。結果、子どもたちの下絵は「幼児のような顔」になった。「これはやばい。もう一回初めからちゃんとやらなければ」と後悔した。子どもたちに「こんなのは赤ちゃんの顔だ。もう一回描き直しだあ！」と言い放ってこの失敗をごまかした。子どもたちは「何で？」、「オギタ先生だからなあ、しょうがないかあ」という顔をしていた。版を裏返させて、改めて描かせることにした。まずかったなあ、と心のなかで反省しながら……。

とにかく土台としてのデッサンは、やはりしっかり描かなければならない。もう一度鉛筆で顔の正中線や横断線を取り、また肩の線を取り、顔や上半身の向きをしっかり決めさせた。「みんな、これだという線を何本も描いて、見つけて、その線をはっきり引くんだ！」と子どもたちにハッパをかけた。頭、肩、目、鼻、眉毛の線をよく見て描くように言った。そのときはふくらみ、明暗は描かせず、目鼻や顔・肩の輪郭だけを描いた。子どもたちの下絵はしっかり友達の顔の輪郭や向きが描かれていた。「やり直してよかった」と安心した。

今度はその輪郭線をもとに青い太マジックで顔を描いていく。鉛筆の線は頼りにはなるが、子どもたちには「新しく線を描くつもりで引くこと、決して鉛筆の線をなぞるのではない！」とわたしは偉そうに言った。子どもたちは友達の顔をもう一度見ながら、息を詰めて青い線を引いていった。単純な力強い線が残った。

次の作業として版一面に墨を塗った。版を布で拭き上げると青いマジックで顔の線が浮かび出た。黒い版の面に青い太い線で友達が浮かび上がってくる。その黒い版の面を彫り、白と黒で友達を彫り上げる。子どもたちには彫りたい気持ちが満ちてきていた。

○明暗を教える

顔を彫るとき、わたしも子どもたちも一番分からないのは、「頬や鼻の膨らみをどうやって表すか？」だ。「膨らみ」それ自体を追求する描画の実践もある。しかしここは彫りで「膨らみの表し方」を教えることにした。そのやり方（技法）を使って、子どもたちは追求すればいい。

「膨らみ」は、光と陰、明暗で表すことができる。

わたしはボールを使ってそれを教えた。教室を暗くして一個のボールに光を当てる。「ボールの丸さは光と陰で表すことができる。とても明るいところ、明るいところ、少し暗いところ、暗いところ、などの違いで丸く見える」と子どもたちに話した。「だから、鼻や頬の膨らみを彫るときは、明るいところや少し明るいところ、暗いところを見つけて彫ることが大切だ」と言った。そして「強く深く彫るとそこは白く明るくなり、浅い彫りや交差する彫りの細線で少し明るいところや少し暗いところを表せる。彫らないところは暗いところ。その違いをしっかり見て彫るように」と子どもたちに念を押した。

◎「版画家・棟方志功」のビデオを見せる

子どもたちに、「版画家・棟方志功の16ミリ映画『彫る』」を見せ、棟方の彫ることを全身で表現している姿が子どもたちの彫る意欲につながることを願った。

◎彫りに入る

子どもたちは静かな意欲を秘めていた。

まず全員に「見ること」に集中させるため、顔の一部分「髪」を取り上げた。

「髪を見てごらん。柔らかい毛もあれば固い毛もある。どこからどこへ髪は流れている？よく見てごらん。髪の流れに沿って彫ればいい」

子どもたちは彫り始めた。子どもによって、最初に彫り始めたところも様々だった。同じ髪でも丸刀を使っている子もいれば、角刀、平刀を使っている子もいた。わたしは一瞬、「髪の毛を描くのにふさわしい細い角刀を指定すればよかった」と後悔した。しかし子どもたちの彫りを見て「これでもいいのかもしれない」とも思った。

サク、サク、サク、子どもたちは彫っている。フウ、フウと彫ったあとの滓を吹いている。後に書いた子どもの感想文のなかに「彫っていくと楽しくなる」という文章があった。「一回間違えると失敗してしまうから、慎重にやらなくてはなりません」と書いている子もいた。

「髪」を彫った後は自由にした。どこから彫ってもよいこととした。何刀を使ってもいいことにした。

うまく思い通りに彫れていない子がいたので、わたしがその部分を代わりに彫ったら、なおさら悪くなった。

　わたしは子どもたちの版画を見て回った。頬の彫りがすばらしい子どもがいた。彫っているみんなに「みんなちょっと彫るのを止めて、こっち見て。ほら、この絵すごいよ。頬のところの膨らみがよく彫られているだろう。この彫りの線がすごいね。頬に沿って流れるように彫っている」とその子の版画を掲げてみんなに見せた。彫りながらこちらに顔だけ向けている子がいたり、手を休めて見ている子もいた。感想文ではここのところで「もっとやりたいのに、途中で止められた」と内心不満の子もいた。

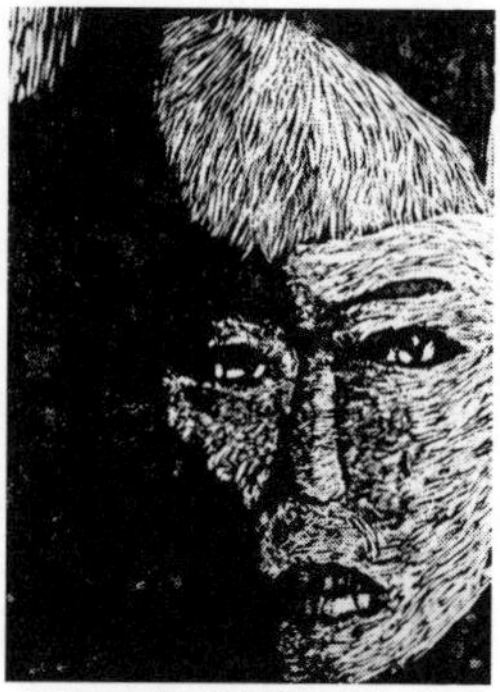

6年　図工「友達の顔」版画

　彫っている版画をわたしに見てもらいに来る子どももいた。子どもたちのなかには他の子の版画を見て歩く子もいた。感想文を見ると「どうすればいいか分かってきた」と友達の描いたものから学んでいた。「YちゃんのIさんへの愛情が分かった」などと書いていた子がいた。手を休めて自分の版をじいっと眺めている子もいた。「よく観察しなくては髪の流れがどうなっているかはわかりません」と書いていた子もいた。交互に10分ぐらいずつ彫った。

　できた作品群は皆一人ひとり個性的なものだった。迫力があった。どの子のものも迫力があった。一つひとつの刀の勢い、追求の跡、直截な判断、自分たちの意志と勇気が表れていた。しかも子どもは様々な刀を使い、彫り方にも個性があった。そしてなにより相手の友達の顔が

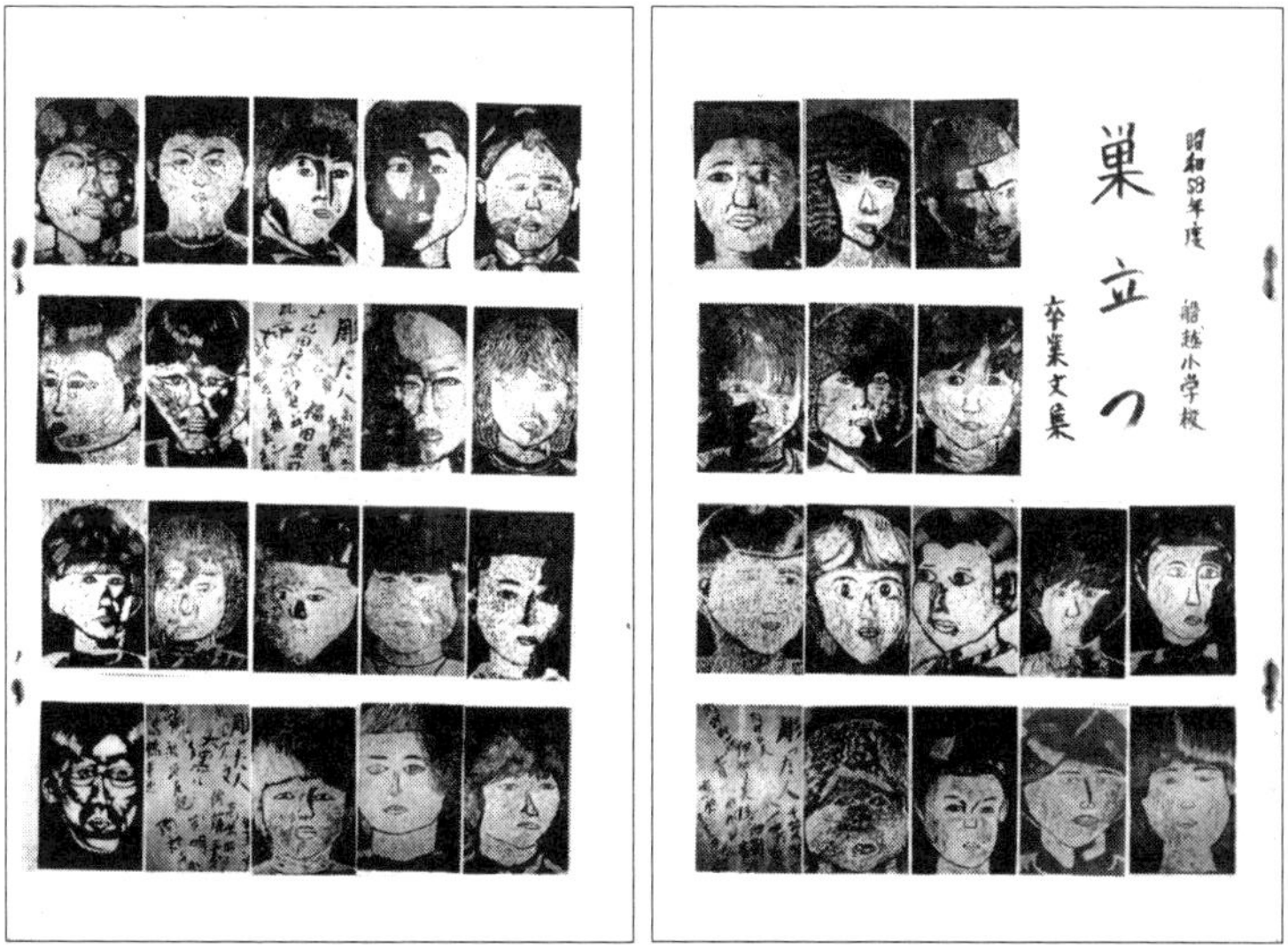

6年　図工「友達の顔」版画（全員）

迫力を伴って画面全面に出ていた。「最高の卒業制作」と書いていた子もいた。

　新しく建て替えられた本校の体育館での卒業式が終わって、わたしは先生方みんなに拍手を持って「おめでとう」と祝福された。嬉しかった。

第二章　実践に取り組む
——子どもの持つ能力を引き出したい——
〈1984（昭54）年～2009（平21）年〉

第一節　吉岡小学校にて

〈1984（昭54）年～1990（平2）年〉

1　全校の子どもたちの体を育てたい（体育主任として）——その試みと終わり——

（1）紛糾する運動会

わたしは5年間勤務した海沿いの雄勝町立船越小学校から、田園のなか、昔宿場町だった大和町の吉岡小学校に転勤した。

第1回目の職員会議。校長先生の話が終わったあと、次々質問やら意見の手が挙がった。前任校では、会議はいつも意見等はなくシーンとしたなかで進行していた。

職場の雰囲気が違う。わたしは「うん、何か職場がギスギスしているな」という印象を持った。

わたしはなんと体育主任であり、学年主任（3学級）、学級担任（3年生40名）になった。500名くらい在籍する町の中心校の体育主任になった。前任校の船越小は小規模の学校（分校と本校）であり、わたしは単学級担任しかやったことはなく、体育主任の経験もなかった。それがいきなり全校の体育的行事や研究に係わる体育主任になった。

この学校には普通に体育の教科で使われるようなボールや陸上用具などほとんどなく、またどこにあるのか前年からいる先生方に聞いても分からなかった。そこでまず初めに、備品整理と保管場所を決め整理表を作った。先生方の用具の整理への意識はあまりなかった。

今年の体育部の研究を何するかの話し合いでは、前任者の先生が「しなやかな体づくりをやってみたい」、民舞をやっている先生からは「表現をやってみたい！」という声が上がった。わたしは「部員から自主的に出たものをやろう」と思っていたので、「じゃ、表現やりましょうか。フォークダンスでもなんでもいいから、やってみましょう！」と言い、体育主任として全体に働きかける仕事が始まった。

しかし、「まあ、今年は備品をちゃんと整理して、行事も支障がないようにしよう。わたし自身、研究や実践する心の余裕もない。先生方も忙しいから、実質できないだろう、自然とうやむやになるだろう」と思っていた。ところがそのわたしの態度が体育的行事部員や先生方の何人からの反発を受けた。

今年度の運動会の計画を校長室で話し合っていたときのことだった。開会式の話になった。わたしは行事部で出た二つの案を話した。昨年同様のもの（開会式は「ソーラン節」で入場し、踊り終わったらその場に立って校長先生の話などの「式次第」を進行させていくもの）と（開会式は形どおりに行進し、「ソーラン節」は開会式と切り離して、一つの演技として「メイン」としてやろう）という提案だった。

開会式を「ソーラン節」でやりたい先生方は「開会式が子どもにとって盛り上がりのある躍動的なものになり、単なる行進の入場よりいい」という考えのようだった。わたしは「ソーラン節」で入場し、終わった後その場に立って式次第を進行するのは、「竹に梅を接ぐようなもの」で全体的に不自然だし、子どもにとっても統一感のないものと感じるだろうと思った。せっかくこの学校は「ソーラン節」に取り組んでいるのだから、「ソーラン節」それ自体を「表現」として取り組んだらいい、と主張した。

「ソーラン節」を押す先生方は譲らなかった。客観的に見てわたしの考えがまっとうだと思っていたが、「ソーラン節」で開会式をやるという意見が多数だった。「ならそうしようか」と思ったとき、執務机で仕事をされていた校長先生が突然「わたしは今年は行進でやってもらいたい。まず基本を大切にして。中学校に行っても一回も行進したことがないのでは駄目だと思うのですよ！」と言った。

部会は一瞬シーンとなった。校長先生は、「その案を職員会議に掛ける前に運営委員会（教頭、教務主任、研究主任、学年主任が入り問題や課題について話し合う会）で話し合ってもらいたい」と話された。わたしは「では体育部として結論を出してそれを出します」と言ってその場は切り抜けた。

校長先生の「一回も行進をしないで中学校に行くのは駄目だ！」という言葉に驚いた。この学校は少なくても6年前から「開会式の入場で行進」をしたことがなかったのか？

翌日臨時運営委員会が開かれた。わたしはとにかく体育行事部会として一本化した案（ソーラン節での入場、体育部会の多数の意見）を提出し、後は運営委員会の結論に従おうと考えた。運営委員会での結論は「開会式を入場行進で始めるのがよい」というものだった。校長先生の発言や同意見の運営委員の先生方にその意見が多く、反対したのは前任の体育主任と民舞に熱心な先生たちだった。わたしは提案理由を言った後は黙っていた。

その黙っていたことが後で問題になった。会議の後、前任の先生が「なんで先生は黙っていたんですか。主任ではないですか。わたしたちの案を出した行事部の主任でしょ！」と言ってきた。体育的行事部会はそれから集まりをもってこれからのことを話し合った。わたしはここに至っては開会式に固執しないで「ソーラン節」を昨年より発展させましょう、という内容のことを言った。「ソーラン節」そのものを発展させることは、子どもたちにも先生方にとってもよいことだと素朴に考えていた。

部員の先生のなかから今度は入場行進そのものについて、「しなやかな歩き方」をやろう、という意見が出てきて、その意見が主流になった。「先生たちは、要はただ型にはまった行進ではなく、開会式を子どもにとって高揚感のあるものにし、子どもたちに「表現」をさせたい、という素朴な気持ちなのだ」とわかったような気がした。行進でも「表現」ができれば「ソーラン節」でなくてもよいのだ。

しかし、今のわたしたちの力量では「表現としての行進」はできない。学校の先生方全体としてもそのような方向に向いてない。研究の蓄積もないからやってもダラダラ行進するだけだ、と思った。それで形式的な入場行進は形式にし、「ソーラン節」を表現活動として発展させようと思った。

しかし、先生方は「しなやかな歩き方がいいし、その構成を作ってやろう」と言う。「しなやかな歩き」は難しい課題だ、やれるのか？　わたしは少し短気になって、「じゃあ、やりましょう。やるからには絶対成功させなければなりません。そのつもりでやってください。部員各自、夏休みに行進の指導の仕方を考えて来てください」と言い、1学期が終わった。

ところが夏休み明け、みんなその課題をやって来たかと思えば誰もやってこず、苦々しい思いをした。しかし運動会での行進は決まり、また新卒3年目の先生が入場行進の構成図を考えてきたので、主任としてせっかく構成を考えきた先生のためにも、とにかくやることに覚悟を決めた。

職員会議では、「この構成では、できっこない」と言われる教頭先生や「普通の行進（学年ごとに校庭を一周して入場整列するもの）にした方がいい」という研究主任の先生の意見が出た。わたしが「できなかったら、普通の入場行進にします」と言ったら部員はついてこないだろうと感じたので「絶対やります！」と啖呵を切った。

各学年に行進の到達点を示し、それを目標に取り組んでもらい、先生方相手に体育館で「行進の指導」をした。全校練習のときは式台の上から子どもたちに「ハイ。リズムをとって前を向いて力を抜いて、タッタ、タッタと」と声を掛け、台から跳び降りて子どもたちの列の横や正面に移りながら声を掛け指導した。

運動会当日は足が乱れる子どももあり、集中に欠ける子も多々あったが、「なんか今年は子どもたち少しあか抜けていて見えるね」と長くこの学校にいる女の先生が言ってくれた。先生たちも「よかった」と言ってくれた行進だった。

ソーラン節の全体表現もわたしがやることになった。わたし自身「ソーラン節」の「表現指導」はその旋律や歌詞の持つ内容を説明する傾向があり、自分が求める「表現」とは何か違うと感じていたので、あまり自分からやりたいとは思っていなかった。

そのころ見た黒澤明監督の映画「影武者」の人馬一体になって丘を駆け降り、左からドドー、右からドドーと人馬が合戦するシーンが強く印象にあったので、これを使って構成できないかと思った。「ソーラン節の解釈」として体型が船形になっていない、との声もあったがとにかく子どもたちが校庭いっぱいダイナミックに動いて楽しめばいい、と思った。子どもたちは楽しみ全体的な構成もダイナミックでよかった。わたしは先生たちには胴上げされた。けれど、わたしは空しさを感じていた。こんなに体育主任として労力を使ったのに「空しさ」を感じていた。校長先生も先生方も「子どものためにみんなよかれ」と思ってやっているのだが、みんな何かに交錯していると感じた。

(2) 授業を通して子どもたちの体を育てたい

わたしは初年度の体育主任の仕事を通して「自分の指導によって全校の子どもたちを動かし、ちょっとでも変えられた」経験を持った。それでわたしは「体育を通して全校の子どもを変えたい、変えられる」と考えるようになった。

わたしは全校で一斉に子どもを動かすことよりも、日常の体育のなかで先生方の授業により、子どもたちが育てられることの方が実質的だ、と考えた。それでその実践を全校の先生方に自主的に取り組んでもらおうと呼びかけた。その実践の記録を吉岡小での体育主任3年目に「吉岡小学校体育実践記録集№.1(水泳指導を中心に、内容を陸上、表現運動とし、特別支援学級の実践を含めたもの)」という50ページの冊子を作った。

特別支援学級の実践の題は「障害を持つ子を指導して――水慣れの段階をどうのように指導したか――」だった。

先生方の指導のやり方はみんな違う。それでもいいと考えていた。やり方が違っても、「目の前の子どもの体を育てる」という姿勢が同じなら、その方が子どもたちにとってもよい結果になるはずと思っていた。

（3）「朝の活動」

各クラスの実践が大事だと思い「実践記録集」などを作ったが、学校全体で子どもが育つ姿が目に見えない、と感じた。やはり全校の子どもたちを一斉に動かした方が学校全体として動くし実質的に体を育てられる、と思った。そこに目の前の子どもに応じた先生方の創意、工夫の考えを入れようと思った。

1988（昭和63）年と1989（平成元年）年の2年間「朝の活動委員会」というものを作り全校活動として実施した。

内容は学年単位で週の日程に「朝の活動」として2回（火曜と土曜）「体育・音楽活動」をやる、というものだった。月曜には朝会と児童・音楽朝会を入れた。その内容は学年単位で考え行うものだった。活動場所は音楽室、体育館、校庭を3つに区分けし、ローテーションで回るものだった。

職員室に活動場所の表があり、各学年はその場所に○をつけて互いに分かるようにした。題材は集団でできるもの（縄跳び、リレー、ドッチボール、相撲、マラソン、ダンス）が主だった。わたしはこれらの活動を通して吉岡小の子どもたちを運動や音楽的に少しは育てられるのではないかと思った。「朝の活動記録集」という実践記録（その一）も発刊した。

この活動はわたしが体育主任として提案したものだった。活動の原型は吉岡小学校に転任して学年主任となって取り組んだ「朝の活動（体育活動中心とした）」だった。その「朝の活動」というのは、基本の運動、マット・跳び箱運動などの学習につながる動き（「アザラシ歩き、熊さん歩き等」やリズム運動（「ケンパア・スキップ・ギャロップ等」、全身運動「相撲・おんぶ・全力走等」）などを週の毎朝に組み入れ、一日の学校生活に清新な気持ちをもって始めるためのものだった。子どもたちは喜んで取り組んでくれた。その経験があり、それを拡大する形で提案したのだ。

しかし「朝の活動」が2年目を終え、活動に惰性を感じるようになった。先生方がこの活動を負担に感じるようになった、と思うようになった。先生方がその活動に意欲的で積極的ではなく受け身でやるようになれば、それは先生方にとっても、子どもたちにとっても良くないことだ。活動の目的も達成されなくなる。そのことを自身の経験から感じていた。わたしはこの2年間の活動を終えることにした。

2　1年間の記録を書き切った「実践」――（図工（描画）の実践）――

１９８８（昭和63）年、２年生を受け持ちオペレッタの実践に取り組んでいた。「国語（詩）」や「音楽（合唱）」の実践をオペレッタにつなげてやっていた。

12月、学級で取り組んだオペレッタ「かさこじぞう」を教授学研究会・宮城の会で検討してもらったとき、表現において「一線を超えていない」という批評を受けた。その「一線を超える」ため、朗読教材や合唱教材を用いて「呼吸の練習」をし、体を動かしながら表現するなど、いろいろな方法で試みた。1月、3月に取り組むオペレッタ「てぶくろを買いに」のために、「一線を超えさせた」という少しの自信を持って朗読のテープを横須賀薫氏に聞いてもらった。「どうしてこう難しいものをやるのだろう。2年生の子どもならお話し合いをする。例えば、オペレッタ「子どもの世界だ」（斎藤喜博作詞／近藤幹雄作曲）のなかで遊んだり、木に話しかけたりするだろう。あれでいい。難しくするのは子どもを苦しめるだけだろう。だいたい荻田君は教材を見つける努力をしていないだろう。今子どもがこうだから、この教材でこういう力を付けるとか、自分で努力していないだろう。1年間びっしり記録が書けるようにやってみるといい。教授学など忘れて」。

1989（平成元年）年、わたしは4年4組（32名）の担任になった。「1年間びっしり記録が書けるようにやってみる」という、横須賀氏から得た課題を図工（描画）の実践で取り組むことにした。

もちろん年間の学習指導や生活指導もしっかりやった。学級通信（「青い空」）を出したり、感想文の指導をしたり、漢字テストをしたり、理科の実験をしっかりやった。算数の文章題をみんなで考えたり、クリスマス会をしたり……。

《図工（描画）の実践》

子どもたちの個性や性格、学習能力、学習の状態、精神・心理状態は様々な姿（表現）として表れる。書いた文字、文字の書き方、ロッカーの整理の様子、生活や授業中の言動、算数の数式、跳び箱の跳び方、そして描画のおいては描いた「線や色・構図」に表れる。

『絵画入門　子どもと親の美術館』（北海道立近代美術館編、新潮社、１９８９年刊）には、絵画を成り立たせるものや絵画を通した画家の個性（知性・感覚等）が紹介されている。画家の描く絵には絵画を成り立たせるもの（線、色、構図等）を通した個性が表現され、一本の線には画家の知性や感情が表れているが、子どもでも同じだとわたしは考えている。

わたしは1学期、子どもたちの学習や生活の様子から、クラス全体の画を眺めてみて、子どもたちの「自分の意思をはっきり出さない消極性」や「心が開放されていないこと」を感じた。

木

それは取りも直さずわたしのクラスの実態を表していた。

わたしは子どもたちに明確にものを捉え、それをしっかり強い意志や知性をともなって表現する力をつける必要がある、単純な明確な太い線（一本の線でいい）で対象を描くことがこの子どもたちには必要だと感じた。わたしは描く題材として校庭や隣接する神社にある「大木」を選んだ。そして木の幹、枝をしっかり見て、その輪郭を描かせようと考えた。

○題材「大木」　四つ切り画用紙・クレヨン・コンテ

課題：大木の幹と枝を一本の線で描くこと。

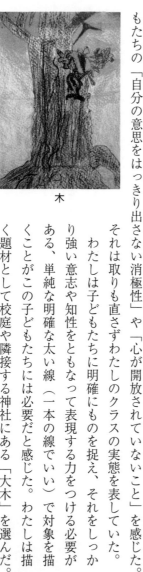

子どもたちに「大木」の幹と枝の線を途切れない太い線で見ながら、グーと一気に描いていくことを要求した。紙からはみ出た線は紙を継ぎ足して描かせた。子どもたちはわたしの要求に応え、はっきりした線で「大木」の幹と枝の輪郭を描いた。

○題材「ホオズキの実」　八つ切り画用紙の半分の大きさの紙・鉛筆・水彩絵の具

課題：細い線でものの形と質を捉える。

10月になった。今度は子どもたちに細く繊細な線で物を描く力を付ける必要があると感じた。物をよく観察し、それを線で表現する力を付ける。

何を題材にどの部分を描かせようか。思いあぐねていたとき、クラスで一番感性が豊かな女の子が、家から「ホオズキの花」をクラスのために、根元から切って持って来た。「あっ、このホオズキの丸いパンパンの実の線がいい。この丸い実を描かせよう」と、とっさに思いついた。わたしは子どもたちに実の輪郭線と丸みを描くことを学習課題として示した。

ホオズキ

「ホオズキの実とそれを被う萼」の全体が入るよう八つ切り画用紙を半分に切り用意した。

「みんな、このホオズキの赤い丸い実はきれいだろう。パンパンに膨れて。中には種がいっぱい入っているんだ。その実のまあるい線を一本の線で描いてみよう。それとその実を囲んでいる花びらのようなものも線で描こう」と子どもたちに言った。子どもたちは、その実の線を丁寧に追っていた。「大きく、大きく描いていいから」子どもたちははち切れそうなパンパンの実を線で描き、「実を守る萼」の線も丁寧に描いていた。

子どもたちの絵を見て、「いい絵だ」と感じた。

○題材「靴の絵」　四つ切り画用紙・鉛筆・水彩絵の具

課題：細部をよく見て、「形、材質」を表現する。「もの」に対する愛情を喚起させる。

10月後半から11月前半。みんな同じように「ホオズキの実」をしっかり描けていたので、今度は曲がった線や真っ直ぐな線、強い線、弱い線、柔らかな線など様々な線が描けるようにしようと考えた。

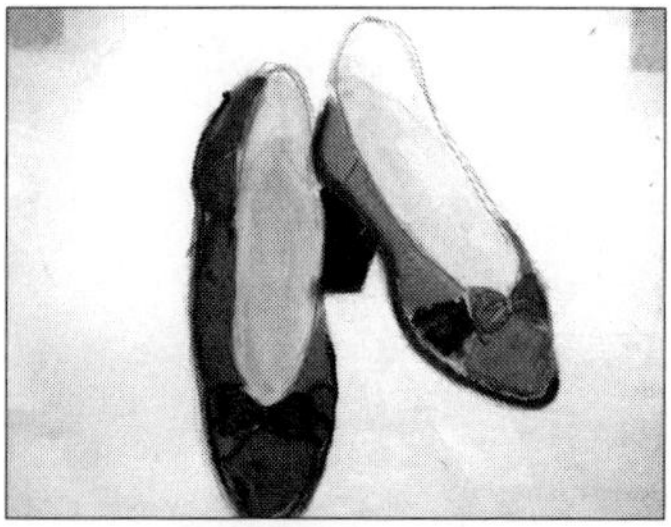

靴の絵

題材は「靴」にした。靴はわたしの要求する線の要素が十二分に入っている。それに「靴」は日常に使い、使う人の生活や個性まで表している。そして「靴」は自分やお父さんやお母さんが毎日使っているもの。「もの」への愛情の対象になる。わたしは「描く靴」の対象として「お父さんやお母さんの『靴』」にした。親御さんの靴なら興味を持つはずだ。この年頃の子どもは親御さんの持ち物に強い興味を持つ。「靴」を通してお父さんの仕事の様子も知ることができる。わたしはそう思い「靴」を題材に選んだ。

子どもたちに「今度の絵では、お父さん、お母さんの靴を描く」と言った。子どもたちからは「エエー（驚きと楽しみ、そして少し難しいという気持ちとが混じった声）」が上がった。わたしはその声を聞いて「やれそうだ！」と推測した。子どもたちは嬉々として親御さんの靴を持って来た。

わたしは、子どもたちの前で、子どもから借りたお父さんの靴を持って、その靴がいかにお父さんのことを表しているか話をした。

いかにその靴の形がお父さんの足にぴったりの形になっているか、靴底の踵の部分のすり減り方からお父さんの歩き方の癖や仕事で働き回っていることなどが分かる、と話した。また靴の作りよう、材質と部分の関係なども示しながら話した。

・線で「靴」の形を捉える。

まず子どもたちに靴に置く位置とどこから見るかを決めさせた。画面を大きく使うということを話し、靴の先と踵を点で画面に打たせた。靴の底のラインから追求させた。そして、足をすっぽり入れるくるぶしや甲のラインも描かせた。

足の甲の膨らみの部分は面の陰影の表現につながるから、明るいところと暗いところ（陰）を見つけさせ、鉛筆の線の交差の量の濃さで追求させた。

よく見て描けている子の絵を紹介し、「ここの靴の底の線がよく描けている」とみんなに学んで欲しい点を指摘した。

子どもたちは描きながその絵をちらっと見たり、手を休めてしっかり見ていた。

「靴」の実践は「線」の追求が課題だったので、「色」は鉛筆の線が消えないような濃さで塗ることだけを言った。それでも子どもたちはそれぞれの「お父さん、お母さんの靴の色」を独自に作っていた。

○題材「セーターの絵」四つ切り画用紙・鉛筆・水彩絵の具

課題：柔らかな線でものの膨らみを描く

「靴の絵」の実践が終わり、子どもたちは集中して描いたので、今度はもっと大きく、伸びやかに物を捉えさせたいと思った。

「様々な線で対象を描く課題」を終えたと思い、より質の高い課題とすれば「柔らかな線で形や膨らみを捉える線の追求だ」と考えた。題材として「セーター」がいいと思った。11月、冬も近い。お母さんやお姉さん、自分のセーターでもいい。これはいい「題材」だと思った。

四つ切り画用紙を使った。机の上にセーターをどのように置いてもいいとした。セーター全体が画用紙のなかに入ってもいいし、はみ出してもいいとした。

子どもたちはセーターの柔らな形と膨らみをサァーと捉え、模様（格子縞など）も入れて上手に描いていた。わたしは「うまいもん

セーターの絵

だな」と絵を見て感心していた。

色はみんな淡く塗っていた。線が生かされていた。わたしが靴の実践で色は靴の線が消えない濃さで塗ることを強調したのを覚えていたのだろう。その色の配色はそれぞれのセーターの色と美しさを表していた。

ただ子どものなかの何人かが線に沿って濃い色を塗っていた。「うーん、子どもは色を塗りたいのだろうか」と思うこともあった。

みんなだいたい絵は描けていた。

その後、同じ教育実践に取り組んでいる友人たちと小さな「実践を検討する会」を持っていたので、「セーターの絵」を見せたら、「子どもたちは色を塗りたいんじゃないの」と指摘された。「なるほど」と思った。「色での追求」を子どもたちは求めていたのだ。では「セーター」の次は「線でも色でも追求できるもの」にしよう、そう思った。
○題材「鞍の絵」ワトソン紙・鉛筆・水彩絵の具
課題：色の追求を通して、観察力や表現力を引き出し、感性をあざやかなものにする。

「靴の絵」と「セーターの絵」の実践を終え、子どもたちに「色」の追求をさせたかった。それが次の実践の課題と考えた。それに応ずる題材をさがすことから始めた。

題材は「線」で追求するに足るものであり、しかも「色」での追求ができるもの。それは何か？　わたしはそれを「人が使う、それも使い込んだ道具や用具がいいのではないか」と思った。それらは人の働く用途として作られているから形は魅力的だし、人が使い込んでいれば深い色になっているはずだ。それは追求するに足る題材になるはずだ。

11月末より題材探しを始めた。

茶碗、土瓶、やかん、鍋、お椀、鍬、鋤、杵、壺。これらの題材は子どもたちを引きつけられるだろうか。わたしの力で「一個の壺」を子どもたちが「うおー、描くぞお」というところまで引っ張れるだろうか。無理だ。「鍬」と「飼い葉桶」と「鞍」の3つに絞った。

「鍬や飼い葉桶」は吉岡の周りの農家にもうあまりない、農耕や山仕事で使う馬具も今はない。偶然わたしの通勤路近くで、馬の鞍(乗馬)を修理する小屋があった。そこで「鞍」を見て、これは教材としてジャストだと感じた。人が乗り、馬の背に合ったライン、使い込んだからこそのクッションの部分の深い茶色の色。これは「線と色」の追求に値する教材だと思った。

翌日そのことを子どもたちに発表したら、子どもたちからは、「えー、描けない」の合唱だった。わたしも自信がなかった。「子どもの描く力の実態に合わない題材は駄目だ。教師にそれを描かせる力がなければ教材とならない」という実践の原則があることも心得ていた。しかし「今、これをやらねば」と思い、描かせることにした。

紙はいくら色を重ねてもいいワトソン紙。大きさは四つ切りよりひと回り大きいものを使った。教室中央においた「鞍」を示して、子どもたちにどの方向から見るか、視点を決めさせた。その視点を変えずに、まず全体の形をなるべく途中で線を切らないように描かせた。「形が画面からはみ出てもよい」とした。わたしは子どもたちに「鞍」の背の線は乗る人の馬の乗り方をも表している。クッションの部分の色は乗った人と馬の長く使ったことの表れだ。鉄でできた鐙は人の重さを支え、それにつながる紐は人の気持ちを馬に伝え、自由に前後するものだ。そのような話から始めた。

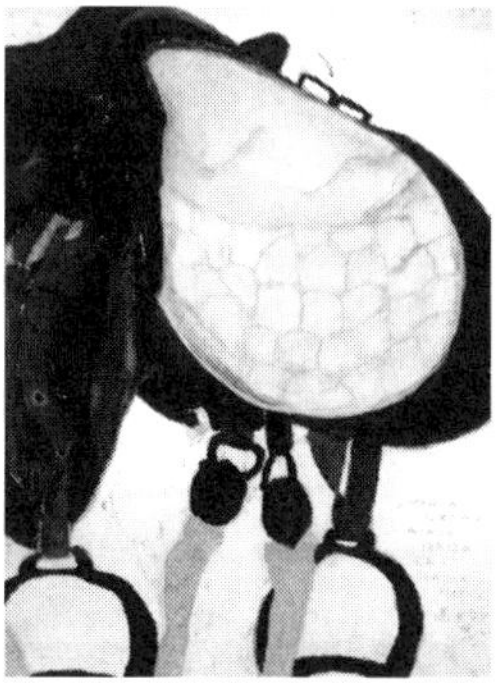

鞍の絵　①

子どもたちは様々な角度から、またいろいろな部分を全体または部分だけ、という具合にそれぞれの線で描いていた。「靴」の実践で描く力が少し付いているのか、子どもたちはよく集中して描いていた。

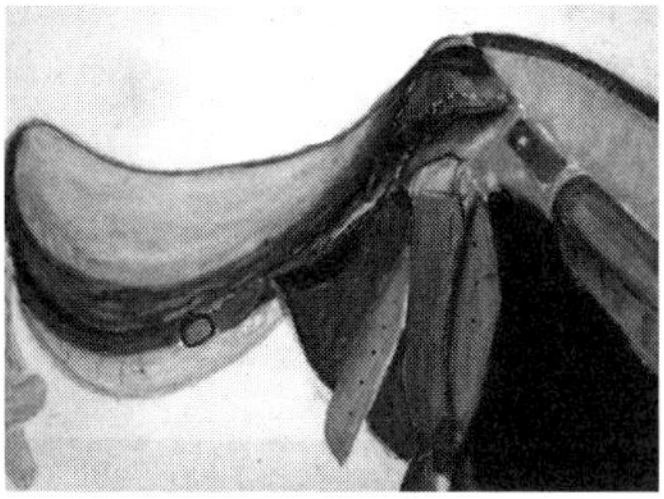

鞍の絵　②

色に入った。色を重ねながら、その「鞍」の持つ色を見つけ出し、作り出すことを求めた。子どもたちはわたしの思い以上の絵を描いていた。わたしは子どもたちの絵に感動し、その能力に感心した。

12月20日から始め、28時間かけてやった。

描き上げてできた絵を誰かに評価してもらわなければならない、と思った。横須賀薫氏に見てもらうことにした。

わたしは「大木」の絵から「鞍」までの絵を順に見てもらいながら、どうしてそれを描かせたのかの説明をした。氏は出された「大木」「ほおづき」「靴」「セーター」「鞍」の絵を順に見て次のように述べた。

――「大木」と「ホオズキ」は、まあ練習として「靴」から実践は始まる。「靴」そのものが子どもたち全員描けていないから、この段階で一人ひとりの力を付けていかなければならない。「セーター」は余計な仕事だろう。「鞍」は色の追求がなされているのはよいことだ。しかしいいのが5枚。これではいけない。どうしても描けないのが5枚というようにならなければならない。もう一度「靴」に返って、一人ひとりに「ここはどのような線か」などと注文を付けるのがよいと思う。「瓶」などの題材でやってみたら――と言われた。

氏が「『靴』」に戻って、しっかり子どもたちに線や色を描く力を付けることが大事だ」と言ったことから、わたしは「全員にその力を付けるのが『教育』としての目的であり、それなしに先に進んでも『教育』としては意味がない』」と考えた。

わたしは横須賀氏に、「描画をやって分かったのですが、明確な意思や表現をさせるのは図工でも体育でも同じですね。子どもにとって必要な教材を選んでいく、学習課題も考えていく過程も同じですね」と言った。氏は「そうだと思います。とにかくひとつのことをやること、そうするとよく分かってくる」と述べた。

わたしは3学期、「瓶の絵」の実践に取り組んだ。
○題材「瓶の絵」ワトソン紙・鉛筆・透明水彩絵の具
課題：「瓶」の形と透明感を線と色で表す

2月、子どもたちに「瓶」の絵を描くことを言った。お父さんが家で飲んでいるお酒の瓶を持って来るように言った。子どもたちは喜んでいた。子どもたちはウイスキーやワイン、コーラの瓶を自慢したりしニコニコして持って来た。

それらの瓶は形も面白く、ガラスの質感を持ち、透明感のある様々なきれいな色だった。「瓶」は描画としての課題としては「靴」よりも質的に高いと感じた。ガラスの質や透明感をどうして描かせようか。子どもたちは描けるだろうか。

見る角度はいつもの通りそれぞれ決めさせた。

瓶の口や縁に点を打たせ、全体の形を取らせた。「瓶の胴は人が手に持つのによい形をしている」、「お酒が美味しそうに見えるように瓶の色がきれいになっている」などの話をした。

まずみんなで口の部分だけ描いた。部分が描けるようになると、全体を描くときそれが生きる。

子どもたちは細い繊細な線で瓶のガラスの線を追っていった。よく描けていた。子どものなかに、瓶の透明感を軽いタッチの線の濃淡で表している子がいた。わたしはその描き方をみんなに紹介した。子どもたちはそれを見て、自分の絵の描き方を生かしていた。

透明感の色の付け方は、重ね塗りで子どもたちに追求させようと思っていた。色を薄く少しずつ重ねて塗り、その色を見つけ出す、創り出す。前に塗った色が乾いてから重ねる、水を塗ることによって明暗が作れて透明感が出せる。そのような技術的なことも話した。しかし、わ

友だちの顔

たしが色を創る、重ね塗りのことをしっかり自覚していなかったので、パレットの上で色を混ぜ合わせ瓶の色を作っていた子どももいた。それでも子どもたちは、わたしの想像した以上の絵を描いた、「瓶以上の美しさ」だった。

3月、進級の最後の時期。描画における実践的な課題はなかった。ただ子どもたちに今までの描画の学習で得たものを使って最後に何か一つ描かせたいと思った。「友達の顔」という題で描いた。しかし力のない絵になってしまった。子どもの絵に基づかない、課題のない実践をした。

子どもと絵の写真　①

子どもと絵の写真　②

子どもと絵の写真　③

第二節　仙台市立中山小学校にて

〈1990（平2）年～1996（平8）年〉

1　教師に背を向ける三人の男子を……

わたしは1990（平成2）年、仙台市の中央周辺にある市立中山小学校に転勤した。5年3組、児童39名の担任になった。

子どもたちは全体的に明るく素直な子どもたちだったが、なかに教師に対して反抗的なことばや態度を示す三人の男子がいた。その子どもたちは学習に対する理解力は高く、運動能力も高かった。ただ自分の気持ちがなかなか人に伝わらず、苛立ちを示し暴力的な面を出すこともあった。

この三人が教師や授業の方に顔を向けるようになり、素直に友達と話をするようになることを、その年の実践の目標とした。

「そのような子どもを相手にするのだな」と思い定め、中山小学校での学校生活が始まった。実践をすることによってクラスの子どもたちを引っ張って行こうと思っていた。今までの経験からそれが一番クラスづくりにつながり、三人の子どもたちなども自然と変わっていく近道だと思っていた。わたしは吉岡小学校での経験をもとに図工と体育を中心に実践に取り組むことにした。

その年の校内研究主題は、「個に応じた指導の工夫」であった。わたしが所属する高学年部は図工の描画や版画指導を通してその主題に取り組むことになった。わたし自身「図工（描画や版画）」に取り組んでみたかった。そこで学年部の先生方に図工（版画）を通して研究主題に取り組むことを提案した。図工の実践の指導のなかに、「個に応じた指導」の探究する場もあると考えたからだった。わたしは研究授業やることになった。

研究の過程で「ずこうだより」を学年部の先生方に配り、「線について」「彩色について」「研究過程」と銘打って文章を書いたりした。

版画の実践の題材を芥川龍之介「蜘蛛の糸」にした。

その読み取ったものを、各自構図を工夫して表現させたかった。それが研究の目標の一つだった。

「個に応じた指導」として、絵を描いている子どもたちの間を回りながら、「この足はもっと大きくていい」、「顔を目立つようにした方がいい」、「こう重ねて描くと遠近が強く出る」というように、子どもに応じてことばを掛けていった。

しかし描写力もついていないので、コンテで一気に描いた下絵は漫画のようだった。構図の工夫は少しあったものの、彫りでの明暗などで「カンダタ」の姿や構図をダイナミックに表現させることなどできなかった。それは中途半端な実践に終わった。

わたしはこの年、体育（マット・跳び箱運動）の実践に取り組んだ。吉岡小学校で作った

「マット・跳び箱運動の系統表」をもとに、教材に取り組んでみようと考えていたからだ。この系統表は、斎藤喜博が教育実践の過程で提示したものとわたしの実践の経験をもとに作ったものだった。

そのなかから、クラスの子どもの実態を見て、「開脚腕立てとびこし」と「前まわり」、「頭支持倒立前まわり」を取り組む教材にした。

図工や体育をこのクラスで取り組んだが、目に見えるような結果は作れなかった。このことが彼らにどう影響したかは分からなかった。他の活動が良かったのか、三人の男子は興味ある学習に対して自分から進んでやるようになっていた。人に対して構えることは変わらなかったが、友達とのトラブルはなく1年を過ごした。

１９９１（平成３）年度、６年生に持ち上がった。この年は実践として意識してやったのは、学芸会でやった朗読と演劇的表現「走れメロス（自作台本）」だけだった。「走れメロス」の台詞を借りて、子どもたちに舞台の上で朗々と表現させることが目的だった。

子どもたちはみんなよい子どもたちだった。子どもたちを卒業学年として無事に学校生活を送らすだけで終わった。けれど5年生で受け持ったあの三人を教師や学校に顔を向けるまでにはできたと思う。

2　教師として「一番充実し、楽しかった」とき

1992（平成4）年、1年生を受け持った。児童数30名のクラスだった。中山小で3年目を迎えていた。前年まで5年生、6年生と担任して思うような事実は作れていなかった。わたしは初心に返るつもりで1年生の担任を希望した。まっさらな子どもたちとどこまで実践ができるか試したかった。

◆体育に取り組む

(1) 子どもたちの体の動きを見る

体育の実践に取り組んだ。

入学式が終わって、子どもたちとの初顔合わせをした。「起立」とわたしは子どもたちに声を掛けた。子どもたちは椅子を机の下に入れて立ち上がった。子どもたちは〝すうっ〟と立っていた。「おや！　子どもたち精気がないなあ⁉」と感じた。前に受け持った1年生たちのように大きな目をして担任のわたしを見ていない。担任との初対面で緊張し力んでいる子もいない。ただすうっと立っているだけだ。好奇の目でわたしを見たり、「あっ、おとこのセンセイだあ」と叫ぶ子もいなかった。「顔や体に表情をあまり出さない子どもたちだなあ！」。これがわたしの子どもたちに対する第一印象だった。

この子どもたちを活気のある積極的で表情のある子どもたちにしたい、これが手始めの仕事

だと考えた。

運動会が5月にあった。種目の一つに徒競走がある。その練習のために25メートルを直線で走らせてみた。走っているときの体の使い方が小さい。体を目一杯つかって全力で走りきるという姿ではない。しかしリズミカルに走ることは子どもたちはよくできていた。

体が硬い。準備運動のため腰を下ろし、両足を開いて体を片方の足に交互に傾ける運動をした。子どもたちはすぐ膝を曲げたり、「イテ、イテテ」などと声を上げていた。それがとくに男の子に多いのには驚かされた。体が硬い！

汗を流すくらい体を動かして運動することの爽快感を感じさよう。動きは小さくても体を動かすのが大好きという子どもたちにしよう。

4月、5月の半ばを終え、これからの実践をどうするか考えた。まだ1年生なのだから無理せず、とにかく運動好きにしようと決めた。

(2) 遊びのなかで体を動かす

わたしは体育の時間、始業前、休み時間、学級活動の時間と「時間」を見つけては体を使う様々な動きをする「遊び」を子どもたちと行った。

すもう・てつなぎおに・リレー・だるまさんがころんだ・ジャングルおに・高おに・かくれんぼ・十回せん・長なわとび・ゴムとび・いろおに等々。

教材のなかで様々な体の動きを経験させる。

1年生も6月頃になると、子どもたちの意識も遊びや生活から学習に向かってくる。この時期わたしは教材を通して様々な体の動きや感覚を子どもたちに経験させようと考えた。(括弧内は養う能力)

・うんてい(リズム感、体の操作)
・上り棒(体の操作、腕力、筋力)
・タイヤ跳び(リズム、跳躍力)
・平均台渡り(平衡感覚、体の操作)
・アヒル歩きと熊さん歩き(全身運動)
・スキップとギャロップ(リズム感、体の操作)
・全力走(全身運動)

7月の水泳では「伏し浮き」を教材に、体が「ふわっと水に浮く感覚」と「体を伸ばす感覚」、「全身を使う運動」を経験させた。

(3) 自分の意思で体を操作させる1(基本の運動)

2学期になった。1学期の後半、子どもたちは様々な体の動きを経験をした。しかし、それは子どもたちにとって、体のすみずみまで自分で操作するものではない。だから子どもたちは体の動きも小さく、伸びやかな大きな動きを生み出せていなかった。わたしは子どもたちに指先や足先まで気持ちを込めた動きや姿を求めた。また、それらの動きを引き出す発問の「ことば」を考えた。

例えば「白鳥さんのおやすみ」という題では、子どもたちに腰を下ろさせ、両足を開かせて、片方の足先へ交互に体を倒させる。そのときのわたしの「ことば」は、「白鳥さんが両方の翼でからだを包んでおやすみです」というように、イメージを持たせ体を動かさせようというものだった。

・空飛ぶおおわし・リスさんの眠り・ネコさんの背伸び・きれいな大きい橋（ブリッジ）等。スキップなどでも「カモシカのように前へ、遠くへ跳んで。タアン、タアンと」、「カンガルーのように高くスキップ」などの指示のことばを発していた。

（4）リズムを体に覚えさせよう

9月になり、子どもたちに教材の持つ運動のリズムを体に覚えさせることを課題とした。その教材が要求するリズム感を体で感じさせることが大事だと考えた。跳び箱教材に「ふみこし」「またぎこし」がある。そこで助走、踏み切り、着地の一連のリズムを子どもたちに身に付けさせようと思った。子どもたちの跳ぶ姿勢などは、あまり「どうだこうだ」とは言わずにリズムの流れを感じ取れればいいと考えていた。

（5）自分の意思で体を操作させる（鉄棒教材）

基本の運動で自分の体を自分の意思で操作することを覚えさせようと試みた。鉄棒を使ってより複雑な操作をさせることにした。

二つの課題を設けた。

①体をしめること。意識をつま先まで集中すること。

教材「ぶらんこ・地球回り・つばめ」

②振ったり回ったりするときのタイミングをつかむこと。

教材「足抜きまわり・こうもり振り・足かけ振り・跳び上がりとびおり・跳び上がり前まわりおり」

(6)「マット・とび箱運動」に取り組む

11月に入った。9月から取り組んでいた「子どもたちにリズム感や体の操作感覚を身に付ける」という目標から次の段階へ発展を考えた。

教材解釈も含め、子どもたちに要求（発問・指示）を出して教材に取り組ませ、その学習の過程で運動の合理的な動きや表現力、集中力などを身に付けさせようと考えた。教材は「とびこし」「ふみこし」にした。

9月に取り組んだ「とびこし」と「ふみこし」は走り、跳ぶリズムの経験をさせるものだった。今回はそこに「スタートからリズムのある助走が始まり、それが短縮した踏み切りへのリズムとつながり、つま先で踏み切り、体を大きく使って前に跳び（腰、つま先は伸びている）、つま先でマットに着地する一連のリズムと運動の論理的な流れ」を学習させるものだった。

「とびこし」、「ふみこし」の実践を終え、3学期はそのうえに立って「子どもたちに体のすみずみまで伸ばした表現のある跳び箱運動」をさせたいと強く願った。「開脚腕立てとびあがりおり」を取り組む教材にした。

わたしは子どもたちの運動する姿をイメージした。「力を抜き、リズムを持った助走で踏切板に踏み込み、『とびこし』とは異なり足裏全体で板を踏み切って、腕の支えを使ってお尻を高く上げてゆっくり跳び箱に乗る。そして台上に立ち上がり、体を大きく使って目線を上に向けふわっと跳び、着地する」。子どもたちはふわっと着地していった。わたしは着地する子どもに「空から降ってくるいっぱいの光のつぶを浴びながら降りる……」と言った。

◆生活科「まち探検」の学習も楽しかった

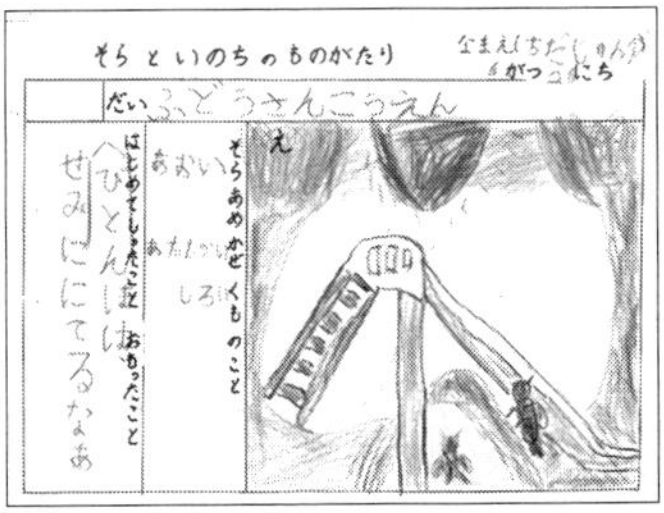

子どもの絵カード

1学期、生活科で「そらといのちのものがたり」というカードを作り、近くの公園にみんなで行った。カードには題と「そら　あめ　かぜ　くものこと」「はじめてしったこと　おもったこと」という欄を作って、その観点で絵やことばを書かせた。子どもたちのカードには面白いことばや絵があった。

「まち探検」の地図作りをやった。子どもたちが協力して、いろいろなアイデアを出し合って一つの絵地図を作る。「面白いだろうなあ……」。やることにした。

子どもと絵の写真　①

子どもと絵の写真　②

まず「まち」を探検する。ただ歩いても「探検」とはならない。「自分たちで地図を作ること」を前もって子どもたちに言った。そのつもりで道やお店、家などを見て「中山のまち」を歩く。どこを歩いているのか、道や周りの建物を確認しながら歩く。お店の人にいろいろ聞く。

数日後、生活科の時間にグループ毎に地図づくりを開始した。

わたしは白い硬い大きな厚手の画用紙（1×1．2メートル）を用意した。各グループの紙を合わせると教室いっぱいになった。どこから描いてもいいし、町のどこを紙の真ん中にするか決めさせた。「自分たちで相談して中山の町を作っていく」ことを強調した。

見ていて楽しかった。わたしはほとんど手を出さなかった。白い画用紙のまわりに集まり、マジックで道を描いている子どもたち、その腕の下で階段を描いている子、その様子を消しゴムで線を消しながら見ている子、ヨーグルトカップの底に穴を開けている子。そのヨーグルトカップは家になっていた。漫画を持って来て、「絵を参考に描こう」と相談している子どもたち。座り込んで段ボールを押さえながら切っている女の子。慎重に定規で測りながら、一本の道を黒マジックで引いている子。白い画用紙に乗った男の子と女の子、二人で大胆に絵の具の色を塗っている。紙粘土の三角を作って道の上に置いている子どももいる。何を表しているのだろう?

子どもたちは各自ばらばらで描いたり作ったりしているのではなかった。ちゃんと調和が取れた「まちの地図」になっていた。とにかく子どもたちは静かに休みなくつくっていた。わたしはいい姿だな、と心のなかでつぶやいた。ほとんどの子どもが座り込んでやっていた。

子どもと絵の写真　③

◆舞踏表現「かわいい妖精たち」

1993(平成5)年、持ち上がりで2年生を受け持つことになった。

1年生のとき、だいぶ体を動かして、少し明るくハキハキとした子どもになっていた。その子どもたちを見ていて何か明るく開放的な「表現活動」をさせたいと思った。

5月、全校集会で学年で「アビニョンの橋の上で」の曲を使って「舞踏表現」をした。ちょっとしたステップを使っただけの少ない構成の舞踏だったが、子どもたちは楽しそうだった。

5月には運動会があった。広い空間で多くの観客の前で子どもたちに思いっきり明るく開放的な舞踏表現を経験させたい、と思った。

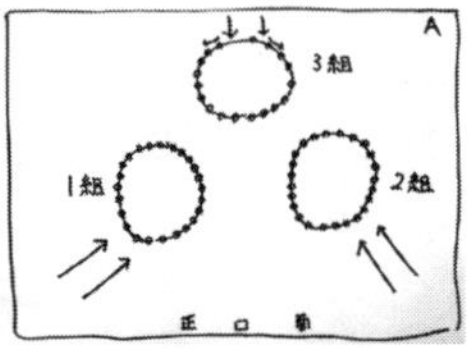

舞踏図　①

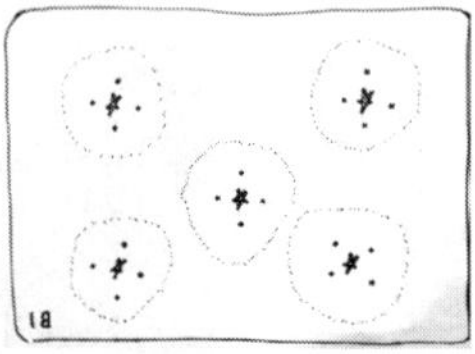

舞踏図　②

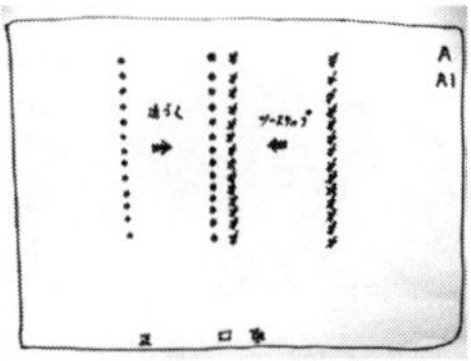

舞踏図　③

構成やステップはわたしが考えるとして、「教材」を何にしよう？　子どもが乗り、開放的なリズミカルな曲、構成がはっきりした曲。子どもたちに受け入れられる旋律、思わず踊りたくなるリズムと旋律を持つ曲。「おもちゃの兵隊」（イェッセル作曲／山本直純編曲）を教材に選んだ。そして題を「かわいい妖精たちの踊り」とした。

わたしは曲を解釈し、構成と場の表現を考えた。

曲の構成から大きく3つの場を作った。入場と「集団・ソロの表現」の場、遊びと演技の場、ペアによる表現とフィナーレ、退場。表現のツールとして自由表現、ステップによる表現、演技表現を使った。それらを総合して舞踏表現「かわいい妖精たち」をつくった。

妖精たちは白い布を手に付けて高らかに入場し、互いにご挨拶。サークルを作って曲を聞きながら表現。ひとりの女の子と周りの4人の子どもたちによる自由表現。

歓声を上げながら駆け出し場所を取り、いろいろな遊びの演技。

最後は王子様とお姫様のツーステップを使った踊り。そして二人手をつなぎ手を振りながら、スキップで退場門へ。「口笛ふきと子犬」の曲に乗って駆けて行く。子どもたちの姿はかわいかった。

第三節　高森東小学校にて

〈1996（平8）年〜2002（平14）年〉

1　全ての学習活動を通して育てる

1996年（平成8）年、仙台市の周縁にある高森東小学校に転勤した。6年生の担任となった。

転勤してのすぐの6年生、「この子どもたちとは卒業学年なのでたった1年間しか付き合えない。それならたった1年、しっかり取り組もう」と思った。

「子どもは様々な能力を持っている。またそれは学習活動によって引き出される。引き出されたそれぞれの能力は一人の子どものなかで交流、融合し、新たに学習活動において発揮され、表現される」。子どもの能力と学習についてそのように考えていた。そのことを一年のなかの様々な学習活動を通して実証しようと思った。

4月、教室で子どもたちと向かい合い、その姿をよく見た。

一人ひとりは素直に育てられている、という印象を持った。わたしが話をしているとき、俯いて聞いている子どもがいた。みんなおとなしい。男女が分かれているように感じ、互いにワイワイ交流しているように見えない。学習内容はよく理解しているようだが、学習力はどうだろうか！

わたしは子どもたちを自立した、活気のある自主的な子どもたちにしたい、と思った。そのためにあらゆる活動を通して、この一年間この子どもたちを育てて行きたい！

早速クラブや係活動がある。子どもたちになるべく自分たちで楽しい企画を立て実行させるようにした。

自主勉強ノートを1学期から作成させ、学習などで興味を持ったことを自主的に調べノートにまとめたり、その学習したことを自分なりに整理させ、そのまとめの表記もいろいろ工夫させた。そして彼らのノートに目を通しコメントを書いた。

家庭科では料理教室と称してみんなでサンドイッチづくりをやり、食材の準備から会食まで作ることを楽しませた。

読書記録表なども作り、自分がいつ、何を、月何冊読んだかなどを記録する。これを教室に張り出した。子どもたちは競うように読んでいた。

「調べ学習」も多くやらせた。

1　調べようと思ったこと

2　方法

3　内容と分かったこと

4　感想

等の項目を設けて、各自好きなテーマで調べ学習に取り組ませた。

年度末には各自のテーマに沿って（例「水道の水は本当に安全か」「鹿児島県の土」「なぜ日本には温泉が多いか」）等のまとめの発表会を行った。

新聞を読んでそのなかの事実から自分の感想を作文にすることもした。

5月を過ぎ様々な教科での実践に取り組み始めた。体育（マット・跳び箱）と音楽（合唱）と図工（図工）は一年を通しての実践だった。それらを教科ごと・時系列に沿って書きたい。

《運動会　表現運動「白鳥」自主教材》

わたしは子どもたちに25メートル走と柔軟運動をやらせた。子どもたちの走り方と体の動きを見るためだった。走り方は力みがなく素直な走りをしていた。体は硬く、上体曲げの運動のときなど多くの男の子たちは「イテテテ」と言ったり、ブリッジなどできる子どもはクラスの3分の1くらいだった。

運動会が5月18日にある。前期の体育の実践の流れとしてよい時期にある。

わたしは子どもたちに校庭の場で音楽を使って体を思いっ切り伸ばす経験をさせようと考えた。6年生は運動会で表現（組み体操）をやることになっていた。その場を活用しよう。

組み体操の中の前半の演技として「表現」を入れた。組み体操自体は後半の演技として、「波」「サボテン」「水しぶき」「カシオペア」「三人扇」「アーチ・ブリッジ」「ピラミッド」と2人～8人の組で構成したものをやった。だから実践としては前半の「表現」に集中した。ねらいは音楽の旋律の流れと体の動きを対応させることだった。
教材にする曲はサン・サーンスの「白鳥」（チェロ・堤剛）にした。緩やかで伸びがあり、旋律と旋律のつながりもたっぷりある。丁寧に体を旋律に対応させることができる曲だと思った。一人ひとりの表現活動にした。それを活かすための配置や構成を考えた。
子どもたちの感想のなかには、「音楽が鳴り始めました。白鳥の絵を頭のなかで描きながらやっていきました。バランスがちょっと難しかったです」「最初は表現で自分自身との戦いです、みんなも真剣にやっていた」などがあった。
しかしこの実践は謝っていた。「学校全体の研究が『表現』に取り組んでいるのならよいが、そうでなければ子どもを苦しめることになる。もっとその場の広さに応じた表現がよいのではないか」という横須賀氏の指摘を受けた。そうだと思った。

《ハードル走とマラソン走の実践》

10月は学芸会の期間であり、体育で使えるのは校庭だけだった。だからこの期間をマラソンと80メートルハードルの実践に取り組む期間とした。

〈マラソン編〉

11月12日（金）、構内マラソン大会があった。わたしはまず子どもたちが無理なく2000メートルを走り切れるようにすることを目標とした。冬に向けての体づくりの一環とも捉えていた。

9月30日から始めた。1000メートル45秒のペースで600メートル走らせた。そのペースで走る感覚を味合わせるためだ。

マラソンはどうしても単調な体の動きになりやすいので、様々な動きを感じさせておくため丸太を渡らせたり、雲梯を渡らせたり、砂場でケンケンをやらせたり、鉄棒で前まわりをやらせたり、築山を上り下りをさせたりした。

100メートル45秒、600メートルの練習を4回続けた。4回目にはそのペースで全員1000メートル走り切ることができた。しかし、この練習に子どもたちは「エーまた！」と言うようになった。飽きてきたのだ。そこで子どもたちに2000メートルという距離を感じさせるべく自由に各自のペースで走らせた。歩く子もいれば、ペースを保てない子どもたちもいた。

次に楽なペースでどこまで走ることができるかをやった。3000メートル走る子もいれば600メートルで止まる子もいた。

次に呼吸法と力の出し方を教えた。呼吸法は吸う、吸う、吐く、吐くの2呼吸法と吐く吐く吐く吐く、吸う吸う吸う吸うの4呼吸法だ。そして走る力は7～8割の力で走ること。呼吸法を使った練習をした。

それ以後2000メートルを完走のペースで走らせた。自分のペースをつかめない子どもには呼吸法を伴走しながら入れていった。
11月1日、2000メートルのコース試走。10のうち6~7割の力で走ってもいいから、走り切ることを課題に走らせた。
11月6日、「速くなったり、遅くなったり自由にペースを変えていいので、また10のうち7ぐらいでやりなさい」と言った。呼吸法として2拍子4拍子を意識させた。
11月12日、マラソン本大会の日になった。
子どもたちの感想文の一端を載せたい。
Wさん:練習では校庭を10周走ったり(1000メートル)4周遅く走ってみたり、みんなでかけ声をかけて楽しく練習しました。
Yさん:自分ではせいいっぱいやったし、何回も棄権しようと思っても最後まで完走できたのでよかったと思いました。
Jさん:自分の足に感謝したい。
Oさん:最初は先生に教えてもらった呼吸法でゆっくり行きました。門をでてから1周目はリズムを整えて走っていきました。下りのところでちょっと速く走りました。2周目は少しずつ呼吸が2回ずつにいつの間にかなっていました。
Fさん:最初M先生に「ガンバレ」と言われた。次はA先生に「ゆっくり、楽に走れ」と言われた。次はF先生には「6年最後だからしっかり走れ」と言われた。ゴールに近づくと荻田先生に「あと10人抜けるぞ、ガンバレ」と言われた。わたしは7で出した力が30になった。30になるころ1人、2人、3人、4人、10人抜いた。

S君：荻田先生が「オッいいペースだ。そのままガンバレ」と言ってくれた。ますます気合いが入った。

わたしは子どもたちの感想文を読んで、またその練習の様子を見て、「初めから100メートル45秒だの、2000メートル完走だのと自分の課題を作ったが、これは子どもの走ろうという本質的な意欲に叶った課題の出し方ではないのではないか」と反省した。

結果は次の通りだった。「実践をしたらその事実は記録しておかなければならない」と思って記録を残した。

男子72名、女子60名　計112名
男子は72人中半分の30位以内が11人でクラスの61％が30位以内に入った。

〈ハードル走編〉

マラソンと共にこの時期ハードルの実践に取り組んだ。ハードル走の指導は前々から興味があった。市の陸上記録会では80メートルハードルの種目があり、よくその担当になり指導の難しさを知っていたからだった。またスタート、ハードリング、フィニッシュの流れやリズムと跳躍などはマット・跳び箱運動と共通点があることも取り組みたい動機のひとつだった。

わたしはハードル走の教材解釈と子どもの事実から指導をしようと考えた。

80メートルハードルは14メートルの助走部、中間走の部、そして17メートルのフィニッシュの部の3つの部分からなる。スタートから第一ハードルまでは低い姿から体を起こし加速し第一ハードルの跳躍に移る。ハードル間はリズムを保ち、ハードルの上を低く無駄なくとびこしてフィニッシュに持っていく。最後のハードルの着地から勢いと速さを保持しゴールに向かい走り抜く。跳躍姿勢は小さく伸びる姿勢が求められる。跳躍は跳ぶのではなく越えるのだ。

発問や指示は、「片足の裏が見えるようにハードルを捉えるように」「膝は胸に付けるように」「目線は次のハードルを見て、跨ぐ足の膝と足の踝がハードルの上をするように」、「ハードルの下には透き通った池がある。それを跳び越すんだ」等考えた。

わたしはまず子どもたちに80メートルの全力走をやらせた。80メートルの長さとスタートからゴールまで、気持ちの上でも全力で走り切る感覚を持つことがまず必要と考えたからだ。何本か全力走をやった。そして次にスタートから速度を上げて、中間走で最速のエネルギーで走って、ゴールまで体の力を抜きながら駆け抜ける練習をやった。

次にハードリングに取り組むことにした。ハードルのすぐ近くで跳ぶ子が多かった。また跳ぶとき、膝をくの字に上げて跳ぶ子どもが多かった。子どもたちの踏み切る位置がハードルに近すぎるので、跳び越すとき体を前に倒して越すぐらいの位置に線を引いた。そこから跳ばせた。

ハードリングの空中姿勢を一度指導する必要があると感じ、バーの脇にみんなを座らせ、片足を伸ばして胸を膝に付くぐらい倒してつま先に触れるような姿勢を教えた。

そのあと全員で1台のバーを横に5台並べて一斉にハードリングの練習をした。ハードル間の歩数は子どもに任せた。自分のリズムが付く歩数で走ることでよしとした。

あとはスタートからゴールまでの練習を繰り返した。部分の練習はせず、スタートからハードルまでの加速や姿勢の上げ方は伴走しながら声を掛けた。「だんだんだんだんスピードを上げて。顔を上げてくる」「ほらポン、ほらポン、ほらポンぽん」「さあ最後まで走りきって」子どもたちは風を切ってハードルをしていた。

《算数の実践「線対称と点対称」》

わたしは教科書教材をやっているとき、疑問になるところがあると子どもに問いを発する。

6月18日、「線対称の性質」を対象の軸を中心に考えさせた。

この箇所は「線対称で対応する点を結ぶ直線は対象の軸と垂直に交わり軸からの距離は等しい」という意見が出ればいいとしていた。それでこの単元の箇所の目標は教えられる。ところが「線対称の図で何か気が付くことがあるか」というわたしの問いに対して、T君とKさんが「対応する線の長さが同じであり、その対応する線の相反する両端の点からの線の交点は軸で交わる」と言った。子どもたちは「そうだ」と口々に言い、意表を突かれた。

6月19日、直線アイを対象の軸として、線対称の形を工夫して書くという問題をやった。わたしは子どもたちが「対応する点が軸に垂直に交わり距離が同じ」を使って対象の点を書くと思っていた。それが線対称の対応する点の教科書の説明だったからだ。ところがO君は線の平行移動を使って書いた。S君はコンパスを使って円の交点を使って書いた。子どもはもともと多様に考えるものなのだ。回答に一つはない。

6月20日、「点対称の中心はどうやって見つけるか」と質問した。子どもたちは「対応する点を含むそれぞれの円の中心に点対称の中心がくる」と言う。子どもはすごい!!

6月24日、点対称を書く方法でS君はマス目の長さを使って書く方法で書いた。O君は点対称の性質を利用する方法。どちらのやり方でも書けるので、どちらも正しいことになった。

しかしマス目のない場合S君の方法は使えず、O君の方法はマス目がない場合でも使えるからO君の方法がよいとみんなで決めた。

みんないろいろなことを学び、解決していった授業だった。

《理科の授業「6年〈大地のつくり〉」》

高森東小学校の近くに地層が切り崩され露出しているところがある。わたしはそれを見るたびにこの地層を教材に授業ができないかと考えていた。

実物の地層を見て問題を考えたり、土を手に取っての学習ができたら楽しいだろうな、と思っていた。せっかくのチャンスだ、地層の勉強をしよう。単元は「大地のつくり」のところでやることにした。「地層のでき方」を考えることを課題にした。

教科書は地層のでき方として海底の堆積とその隆起を記述していた。わたしは子どもたちに「今みんなが住んでいるところがもともと海底でありそこが隆起した。そんなことがあるのか。どうしてそうなったのか？」を聞いた。海の水が引いたのか。その海の水はどこに行ったのか。

子どもたちを北高森にあるその露出した地層に連れて行き、地層ごとのサンプルを取らせた。粘土、砂、砂鉄、小石などの違いを実際手に取らせてその特徴の違いをつかまえさせた。子どもたちは面白がって、砂などを指の先の腹で擦り合わせていた。その場所の地層図を作り、子どもたちに聞いた。

「北高森の地層はどのようにしてできたか」と子どもたちに聞いた。

粘土、シルト、砂、礫の定義を教えた（粒子の大きさによって分けている）。「もし海底にまた川や湖に砂や粘土がたまったとすると重いものから下に沈み軽いものは上に来る。ところが北高森の地層は軽い粘土の上に砂や小石がある。いったいどうしてこのような層ができたのだろうか」。答える資料もない質問をしたと感じた。

《卵の授業》

昨年、中山小学校で「生命の誕生」の授業をした。そのとき、「魚類も両生類も、は虫類も鳥類も哺乳類も卵の数や生む場所は異なっても、どれが一番いい方法ということはなく、それぞれの環境でもっと適切な生み方をしていること」を子どもとの対話のなかで発見した。

今年度は「卵」というものに焦点を絞った授業をした。

子どもたちにまず、「卵」自体に興味をもってもらうため各自「卵」について疑問を出してもらうことから始めた。多くの疑問が出された。

①卵から赤ちゃんになるのに何日かかるか。

②卵は体外に出てくる前、お腹のどこにいるのか。

③卵の中で赤ちゃんは何を食べているのか。

④卵は一回で生まれるのか、何回かに分かれるのか。

⑤カナヘビの卵はどうやって水を吸うのか。

疑問を一つ一つ調べる学習もある。しかしわたしはこのなかでとくに③を取り上げてみんなで調べ考えることにした。赤ちゃんは卵のなかで何を食べているのか。

子どもたちに卵のなかで生きる赤ちゃんが生き成長するために何が必要であり、そのことを魚類、両生類、は虫類、鳥類、ほ乳類、ヒトでどのようにしているかをその中身に即して調べさせた。子どもたちを「サケ」「青海亀」「カエル」「トリ」「ライオン」「ヒト」のグループに分けた。

子どもたちに「赤ちゃんが卵のなかで生きていく上で必要なものはなにか」と質問した。

子どもたちから、
1、栄養・食べ物
2、酸素
3、卵を守るもの
4、暖かさ
と出た。

わたしたちは、それぞれの生き物に即して、それが卵、また母体のなかでどのようになされているかを調べた。

そして、そのなかで殻の付いたトリの卵に焦点を絞って考えることにした。

トリの卵のなかではどうなっているか。楽しい話し合いだった。卵のなかには空気を入れる袋がある。じゃあうんちやおしっこはどうする？　なかは汚くなるではないか。ちゃんとそのための袋があるんだ！　空気は卵の殻に小さな穴が空いていて、行き来するんだって！　笑い声とともに、授業は進んでいった。

《国語（説明文）》

国語（詩、説明文）の実践は新任のときからしていた。二つの教材に取り組んだ。
・物語文「海のいのち」（立松和平）「新しい国語六上　東京書籍」

父と子の物語。自然と人間のつながりの物語。人間は自然にどう向き合わなければならないかの物語。たくましい若者の心と体の成長の物語。「海のいのち」は立松和平のそれらのメッセージを込められた物語だ。

この物語を使って「ことば」の学習を考えていた。

文章のなかの「父親たちが住んでいた海」「お前の海」「父の海」のことばをとりあげることによってこの文章の構造を浮き出させようとも考えた。

また考えさせる「ことば」として、「死んだ辺りの瀬に船を進めた」の「辺り」、「進めたと進んだ」の違い、「とうとう父の海にやってきたのだ」の「とうとう」の意味と「いつからここにくることを考えていたのか」などをもとに授業をした。「クエを殺そうと思い途中でやめた理由」なども聞いた。

・国語（説明文「人間がさばくを作った」小原秀雄）

この授業において、「一つのことば」の意味を考えることが文章全体の内容につながっていく。そのような読み取り方の授業にしようと思った。

この文章のなかの「こうして、大草原は、長い間釣り合いが保たれて、豊かな生物の世界を作っていた」という文章を考えさせることにした。「つり合いが保たれる」とはどのような状態かを文章全体の理解につながるキーになる「ことば」だと考えた。

文章を読むとき、「ことば」の取り扱い方を3つに分けた。

①辞書的に説明や意味を押さえることばと文。文中（―）の印。
②内容を追求することばと文。文中（◯）の印。
③全体の要旨につながる追求することばと文。文中（＝）の印。
そのようにして文章を読み取っていった。

――文章を読みながら子どもたちと楽しく内容を読んでいった。いよいよ③としたところに来た。子どもたちに「『こうして、大草原は、長い間つり合いが保たれて、豊かな生物の世界を作っていた。』とあるけれど、それはどういうことだろうか」と聞いた。わたしはそのことを子どもたちに聞く前に「つり合い」ということばの辞書的な意味を説明した。「『つり合い（どちらかにかたよっていない。ある物体に二つ以上の力が作用して、その結果力が全く作用しないのと同様な状態となっている）』、この意味からいって『大草原は、長い間つり合いが保たれて』というのはどのようなことなのか文章から読みとってください」と言った。

子どもたちは「バイソンと草原の草とオオカミとのこと」「プレーリードックと土とクロアシイタチのこと」など「草と土と生き物の食べるものと食べられるものの関係」をちゃんとつかんで発言した。わたしは「このことば」を取り上げたことはよかったのだと思った。その後のそれが「植物がうまく育たなくなった」の「育たない」と「うまく育たない」との違いから「育つのだけれど花が咲かない＝砂漠の様子」などの発見にもつながっていった。……。

わたしは家庭科、理科、国語、算数といろいろな教科で子どもたちと授業をしてきた。
音楽と体育と図工は一年を通しての実践だった。

《音楽（合唱）》

〈1学期〉

学期当初、子どもたちの歌声を聞いてこうメモした。

――声量がなく、歌に対して「歌おうという姿勢」がない。学習に対しては素直に取り組む子どもたち。――

わたしは、この子どもたちは満足に曲の初めから終わりまで歌い切った経験がないのではないか、教科書教材の歌唱・合唱曲をしっかり歌い切ることをやろう、と思った。

5月。「歌心」を引き出し、変化に富む教材で、とにかく歌うことが自然で楽しいものだ、と感じさせよう。「エーデルワイス」、「夢をのせて」を歌う。

朝は教科書教材、帰りは「上を向いて歩こう」を歌った。高らかに歌える曲として賛美歌「荒野の果てに」や「安里屋ユンタ」、口ずさむ歌として「五木の子守歌」、「小さな木の実」、「河は呼んでいる」、「翼をください」、「おぼろ月夜」などを選んだ。それでも子どもたちはなかなか心から歌おうとはしなかった。

そのようなとき教師をしている妻が「そんな子たちの場合、『天使にラブソング』でいいのよ」と助言をくれた。そして選んだのが「漕げよマイケル」という歌だった。この曲は調べたら黒人霊歌で、感情が抑えられている曲調だった。

6月。わたしは踊りながら「アンデスの祭り」を歌い、教えた。やんちゃなR君とT君が面白がった。1学期の復習として「なのはなばたけ」、「エーデルワイス」、「夢をのせて」、「アンデスの祭り」をやる。

7月。夏が近い。わたしはきっちり歌う練習のため「われは海の子」を教材にした。ことばをはっきり歌わせる。Hさん、Aさん口開かず。この二人はスピッツ（バンドグループ）の歌なら口ずさんで歌っているのに。

2学期の課題は歌いたくなる曲を探すということ。歌うことが楽しいと思うようにする。この二つを課題とした。

野外活動の帰り、KさんとWさんが「アルプス一万尺」を歩きながら歌っていた。このことよりアップテンポの曲がいいということ、3組の子どもたちにはやはり一曲を歌い切るということ、ACTIONとして歌い切ることの経験の積み重ねが必要と思った。

〈2学期〉

9月。「まちぼうけ」の曲は旋律の持つテンポのよさを強調してよく歌った。対話形式で「あんたがたどこさ」、「とうりゃんせ」をやる。面白がるがどうも「子どもっぽい」ようだ。

10月。子どもによいと思う教材を選び、ただ歌わせていれば教材の力で子どもは歌うようになるか、というとそうではないようだ。

「この道」、「ふるさと」、「ラバーズコンチェルト」を教材に「呼吸」を課題に行った。「ラバーズコンチェルト」をラララだけで歌う。子どもたち結構面白がった。

12月のクリスマスに向けて楽しくなる歌を選んで歌った。

「きよしこの夜、ジングルベル、雪の踊り、熊は冬なぜ眠る」。合唱の取り組みとして北原白秋の「この道」は続けた。旋律を丁寧に歌うことと呼吸を入れること。

〈3学期〉

やはり子どもたちが面白く楽しく歌っていない。わたしは劇を入れて「冬のうた」に取り組んだ。

この1年は子どもたちが楽しく歌う、歌わせるにはどうするかという課題で走った。

《体育（マット・跳び箱運動）》

1学期に運動会で表現「白鳥」をやった。少しは様々な体に動きを経験したはずだ。2学期になったので、じっくり教材として取り組める（マット・跳び箱運動）を行うことにした。

9月24日から始めた。

子どもたちの「開脚腕立てとびこし」の様子を見た。助走にリズムがない。踏み切りへのリズムと踏み切りのときの足の裏の使い方ができていない。台への着手と着地までのリズムがない。

そのあと「前まわり」と「後まわり」と「頭支持倒立」に取り組んだ。

11月25日に授業参観がある。マット・跳び箱の発表の場とすることにした。教材を「前まわり、跳び込み前まわり、開脚腕立てとびこし、台上前まわり」とした。「前まわり」と「開脚腕立てとびこし」の先に「台上前まわり」がある。そこに指導の系統、教材の系統があると考えていた。「開脚腕立てとびこし」と「台上前まわり」は、踏み切りの方向が違うが助走のリズムなどは同じだ。

わたしは「前まわり」の実践から始めた。

「跳び込み前まわり」のときもやはり「前まわり」同様、腕の支持がなされていない。「前まわり、跳び込み前まわり、台上前まわり」と腕の支持を中心に指導した。

○11月に入った。各教材を同時並行的に取り組んでいった。

「台上前まわり」に入る。「前まわり」や「開脚腕立てとびこし」をやってきたので、台上前まわりに取り組む時期に来たと思った。

このころ授業参観に間に合うようにと、4つの教材を同時にやっていて焦っていた。

12月25日授業参観日が来た。

体育館に跳び箱4台を横に並べ、子どもたちはその正面に並んだ。お母さん方を子どもたちが正面から見える位置に座ってもらった。子どもたちは演技した。

参観後、「マット・跳び箱運動」の実践について検討する機会を得た。

「前まわり」については評価を得た。「クラスの子どもたちがいい、よく取り組んでいる。今の学校の子どもたちなら『なんで、こんなのやるの?』なんて言うだろうが、クラスはみんな何が課題か分かっている」ということばももらった。この子たちなら「歩き方」という表現もできるだろう、という評価もあった。「開脚腕立てとびこし」のビデオで跳べない子どもの姿があり、それについて「跳べない子を跳ばせることが大事なこと」という話になり、それに対して具体的な手立てを話し合った。

1月に入った。「開脚腕立てとびこし」が全員できるようにすること」と「子どもたちの教え合いを入れること」を課題として取り組んだ。「『開脚腕立てとびこし』の指導には跳び箱指導の全てが入っており教師の指導力を高めるのにはもっともよい教材だ」、という検討会でのことばも取り組むモチベーションの一つだった。

「跳び込み前まわり」が全員できないので、やはりこれも取り組んでみることにした。

「みんなが『着いた手をすぐ離すんだよ』と言ってくれたから跳べた」とTさんは自主勉ノートに書いていた。「子どもたち同士教え合うこと」の教育的な手法を学んだ。

《図工(描画)》

一年間の活動を時系列に記していきたい。

〈1学期〉

線と色の模様

名画

4月、わたしは描画に表れる「人間の多様な能力」と能力を引き出す課題（線、色、構図等）を勉強するため『絵画入門　子どもと親の美術館』（北海道立近代美術館編、新潮社、1989年刊）を再読した。

描画の「学習課題」を考え、1年の計画を立てた。

4月、「線と色の冒険」画用紙（四つ切り）・鉛筆・絵の具・絵筆

子どもたちに絵の具を用いて自分の好きな色で自由に線を引かせ、その線の間にきれいな絵となるよう意識して彩色させ模様を描かせた。

6月、「名画の模写」画用紙（八つ切り）・鉛筆・絵の具・絵筆

子どもたちに絵を描くことは面白く楽しいことだと感じさせるため、教科書のなかの名画やわたしが準備した絵の模写をさせた。

「ゴッホ、ルノアール、ピカソ、平山郁夫、ディフィ、ボナール等」
「ゴッホ・ディフィ」が多かった。

〈2学期〉

9月、「帽子の絵」画用紙（八つ切り）・鉛筆・絵の具（水彩）・絵筆

子どもたちにもの（対象）を捉え、線で表現する力を付けることをねらいとした。

10月、「友達の全身像」画用紙（四つ切り）・コンテ

子どもたちに太い線で明確に形と構図を描く試みをさせた。明確な輪郭線を描くことを要求した。

帽子

友だちの全身像

11月、「やかんの絵」画用紙（四つ切り）・絵の具（水彩）・絵筆
「帽子の絵」の実践で、ものを線で捉える課題を子どもたちは自分のものにしたと判断した。

次の課題として量感・質感の表現を課題とした。

子どもたちは、「やかん」の形や質感をわたしの予想以上に多様な試みで捉えていた。色の作り方として「質感を混色にして追求させるのか」、「単色の重ね塗りで追求させるのか」、わたしの指導方針が曖昧だったことにより、子どもを混乱させてしまった。

やかん

〈3学期〉

シクラメン

1月、「ミニシクラメンの絵」ケント紙・鉛筆・絵の具（水彩）・絵筆
「やかん」で色の追求の指示が曖昧だったので、子どもたちに「重ね塗りの技法」を獲得させるため、この実践を行った。

3月、「友達の半身像」ケント紙・鉛筆・絵の具（水彩）・絵筆
多様な学習課題を持ち、一年間の描画の学習で獲得した力を総合的に発揮する課題として取り組む。

《授業記録》
この実践を3月10日から18日まで、16時間かけて行った。
①半身像への喚起（1時間）
子どもたちに「『半身像』を描きたい」という強い気持ちを起こさせたいため、「自画像がいかに素晴らしいか」という例として、デューラー「若いベネチア女性の肖像」を示した。その髪の毛の美しさ、肌の瑞々しさのことなどの話をした。
②描く動機づけ（1時間）
子どもたちに「6年間ともに勉強や生活をしてきた仲間を描くことは互いの成長の証になり、また新しい発見もあるかもしれない、新たな友達を知ることになる」と話した。子どもたちはわたしのことばに頷いた。
③鉛筆による描画（4時間）
使用した用具は、透明水彩絵の具、2Bの鉛筆、紙は四つ切りケント紙だった。ケント紙は絵の具を重ねて塗っても耐えられる紙であり、透明水彩は重ね塗りをすることによって色を作

友達の半身像　①

っていく技法に適した画材だった。両方とも「色の追求」に応じる画材だった。紙の大きさは胸までの半身が十分に入る大きさにした。大きい紙なので図画板を使った。机の前で抱えるので狭そうだったので、少し教室を広く使い子ども同士の机の間隔を広く取った。描く友達は隣の席の子にした。ポーズは自由にした。

胸から肩、頭まで全体を大きく画面いっぱいに描くように言った。肩の線など画面から出てもいい、とも言った。初めに頭頂から額、鼻、口、顎にかけての縦線と目、耳を横切る横線を引かせ十字のクロスの線を入れさせた。目鼻立ちのだいたいの位置と顔の傾きを決めさせるためだった。

次に肩、手の甲、胸の点を打たせた。そして肩から首、肩から手、指の線を入れさせた。だいたいの半身像の向きや大きさが決まった。

ここから先はどこから描き始めてもいいことにした。

多くの子どもは頭、顔、首、服をまとった上半身を線で捉えようとした。少ない線で明確に捉えている子どもがいたり、反対にそれらを何本かの線で見つけながら描く子もいた。全体ではなく、部分（目、鼻、口や顎に添える手の指から）からその形や柔らかさを描き始めている子もいた。

それでも子どもたちは頭や首や肩の線をしっかり描いていた。

曖昧な線を引いている子どもには、「ここの指の線をよく見て」と注意深く見て描くことを話して歩いた。子どもたちは描きながら、また手を休め、わたしのことばを聞いていた。子どもたちはほんとに少ない線で相手の特徴をつかんでいた、目や耳まで。鉛筆のよる追求は、わたしもそれ以上の注文はなかったのでそこまでにした。

④絵筆による色と線の追求

子どもたちに絵筆の動きと彩色で、目の前の友達の頬や髪の色を追求して欲しかった。重ね塗りの技法を使い、明暗も使って。それらの技法は「シクラメンの実践」で身に付けていた。最初子どもたちに紙全面に黄色の色を塗らせた。それは色を重ねて自分の色を創造していくうえでの土台になる。それは色の多彩さと深みを作る。ステンドグラスのような……。それを紙全面に最初塗ることで、子どもたちは心理的に安心もする。

子どもたちが自由に描き始めるまえに、わたしは「髪の流れ」に焦点を絞って全員でその部分を描いた。そこで得たことが後に全体を描くときに生きると考えたからだ。

わたしは子どもたちに、「友達の髪の毛の質と色や流れ方」をしっかり見るように言った。そしてそれを筆のタッチと彩色で迫るように要求した。子どもたちはしっかり描いた。

「髪」の課題を終えた。いよいよ自由に描かせることにした。子どもたちは描き始めた。服から描き始めた子もいた。相手の目、瞳を子どもたちはみんなよく見ていて、光彩や瞳の色の

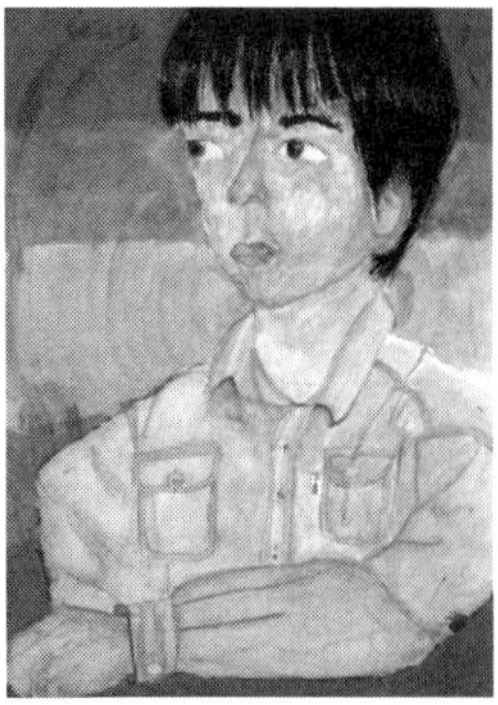

友達の半身像 ②

違いまで描いていた。目というものはやはり人に描かせる対象として魅力があるのだろう。「手の甲」などもしっかり描いていた子どももいた。

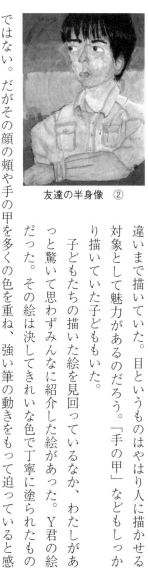

子どもたちの描いた絵を見回っているなか、わたしがあっと驚いて思わずみんなに紹介した絵があった。Y君の絵だった。その絵は決してきれいな色で丁寧に塗られたものではない。だがその顔の頬や手の甲を多くの色を重ね、強い筆の動きをもって迫っていると感じたものだった。相手に対する強い追求と思いが線や色に表れていた。それでいて絵に落ち着きを感じさせる不思議な絵だった。

Y君の描いた半身像

わたしはY君の絵を掲げ、そのことを子どもたちに言った。「Oさんにそっくりだ」とみんな驚いていた。

子どもたちはいま持っている力で大きな対象を描きあげた。描き上がった子どもたちの絵を並べて見た。「あっ！」、と思った。「友達の半身像」は描き上げているのに、なんとバックを塗ることを忘れていた。「あっ、そうだ、バックだ」わたしは今まで「バック」というものを課題にしたことがなかったことに改めて気づいた。

「画家たちは絵でバックをどう塗っているのか？」を調べようと画集をめくった。すると主題が「人物」として、背面が一色だけで塗ってあるもの、部屋のなかの人物の背景（椅子・机・カーテン）がそのまま描かれているもの、

描いた二人の写真

その人が見ている夢の光景が描かれているもの、実際の背後の色と異なる色や模様を描いているもの、いろいろだった。つまり、なんでもありなのだ。

画家が「人物や絵の主題」に最も効果があると考えたものを描いているのだと思った。わたしは子どもたちに「その友達自身」が画面に浮き出てくるような背景を考えてバックを描くことを求めた。

絵筆のタッチも、色も模様も自由にした。

子どもたちの選んだ色や配色、筆のタッチは「友達の姿」をより浮かび上がらせようという意思が表れていた。

この絵の実践は卒業式直前までかかった。しかし、わたしは子どもたちはしっかり頑張ったと思った。よくやったと思った。子どもたちは明るく卒業していった。

学期始めに立てたわたしの課題は達成されたのだろうか。

2　「研究主任と体育主任」として

——「行き詰まり」と「誤り」——

（1）研究主任として～総合的な学習を通して～

わたしは1997（平成9）年、高森東小学校の研究主任になった。担任は外れた。この年度は昨年度に作ってあった計画に基づいて研修を推進した。98年度から自分の提案を盛り込んだ研究に取り組んだ。わたし自身の目的は「研究主任の仕事、その内容を通して高森東小学校の子どもたちを賢く、意欲的に学習に取り組む子どもにする」ことだった。

研究組織と実施計画を立てた。学年から一つ「全校授業」を提案する。その授業のために同学年で「授業検討会」や「事前授業」をする。「全校授業」は研究の実証のためにするのではなく、その提案する先生の技量の向上のためにする、という原則を立てた。そのための「授業検討会」や「事前授業」と捉えた。全校授業をする先生はそのことを通し授業を行う上で様々なことを得、同学年の先生もまた学ぶ、互いの授業に対する技量は向上する。それが子どもの実質的な学習の活性化につながると考えた。

平成10年　研究のまとめ

全校授業の時期は9月、12月、2月。その時期に向けて実践、研究をしていく過程で全校の子どもたちの学習につながる。そう考えて組織、計画を立てた。

98年度の研究主題を「児童が興味・関心に基づき、自ら学び表現する力を育てる指導の工夫～総合的な学習の実現をめざして～」にした。

総合学習にしたのは、何より教師が自由に題材を決めることができ、子どもたちの自主性や主体性が発揮される学習形態を多く採ることができる、と考えたからだった。教師が自分で教材を選び学習課題を決めるためには、子どもの学習状況を把握し、学習形態（実験や観察や調査をもとにした個人・共同学習。発表活動等）を考え、発問を用意していかなければならない。それは先生方の指導意欲を引き出すことにもなると考えていた。また当時は「総合的な学習」の取り組みが始められているころであり、全面実施が２００２年であるので、わたしたちは先行してこの学習を取り入れ、実施を迎えようと思ったのだった。

推進委員会で案を練り、全校に提案して各学年共通研究主題を決めた。「環境」を取り上げた。「身近な環境との関わり」に焦点を絞って、「環境」に興味・関心を持ち、理解する子どもを育てるための実践を展開した。

各学年は、草花を育てたり、昆虫採集をしたり、野菜の収穫と収穫祭をしたり、地域探検をしたり、地区の水の流れを調べる体験活動をやったり、理科の実験と国語の説明文の読み取りをつないで指導した。子どもたちは楽しく学習活動をした。わたしはそれらの取り組みに満足した。先生方も積極的、自主的に取り組んでくれた。そして次年度も「総合的な学習」を続けることになった。

99年度は研修主題「自ら学び、豊かに考える児童をもとめて～総合的な学習の試みを通して～」にした。学習活動よりも子どもの学びや表現に研究の焦点を当てたかったからだ。「総合的な学習」を通してそのことを実現したいと考えていた。また教師の指導の課題も「支援」から「児童の側に立った課題設定や発問の工夫」に力点を置こうと考えた。

研究を通して、授業を中心に主題に迫ることによって教師も授業を大切に考えるようになった。主題や題材も昨年の「環境」から学年ごとの「主題設定」にした。先生方の創意工夫を求めるためだった。

学年の活動は季節を通した公園での動植物との触れ合い、栽培活動、国際交流、植物を使った製作、川の調査、山の自然観察、身近な生活と健康の調べ学習と多岐にわたった。題材は様々だったが、そのなかで子どもたちも先生方も熱心に学習活動に取り組んだ。

実践が終わったあと、先生方に思わぬことを言われた。

「自由にやれたけど、荻田先生が何をしたいのか、はっきりしていない。その内容が分からない!!」

わたしは先生方の自主性が大事だと思い、研究もまずまずよいものだと感じていたので、その意見に驚いた。

わたしには次への展開が分からなかった。研究主任はその年で終わった。

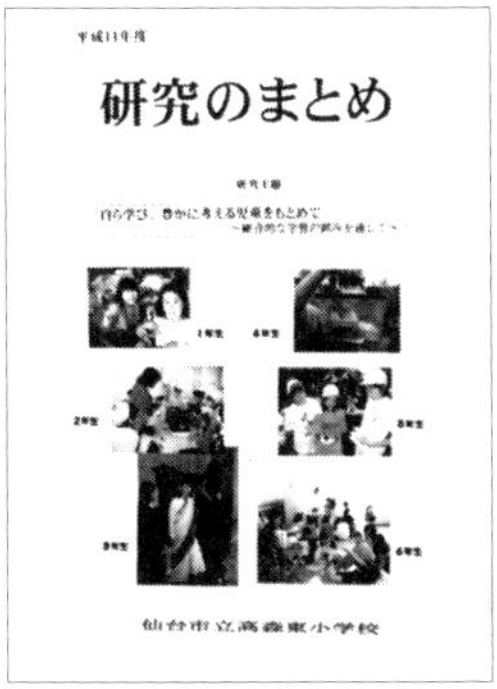

平成11年　研究のまとめ

（2） 体育主任として

①冊子「教育実践の記録（体育の実践）」

１９９７（平成9）、研究主任とともに体育主任になった。体育主任の仕事を研究主任の視点から行おうと思った。わたしは体育部員の若い先生たちに対して、「実践とはこうするものだ、実践記録はこう書くものだ」ということを身を持って示そうとした。わたしは一年間各学年の「体育の授業」をし、「体育実践の記録」（42ページ方綴じ製本）という冊子を作った。自ら授業をし、そのための教材の系統表を作り、教材解釈を書き、参考文献を読んだ記録を載せ、授業記録や部員の授業を参観し、その批評を書いた。各項目に文章や図を記し、1年生から6年生までの各学級で行ったわたしの授業記録も載せた。

部員の一人から反発があった。「どうして、わたしの『授業』をこのように批評して、公開の冊子としてみんなに配るのですか」と言われた。わたしにはどうしてE先生が怒るのか、始めは分からなかった。よいことをしている、と思っていた。その場は教務の先生が「この冊子は荻田先生が自分で関係している研究会に出すためのもの……」と取りなしてくれた。そのときわたしにはE先生が怒る理由が理解できていなかった。部員のためではなく、自分のためにしていたためと分かったのはもっと後になってからだった。

②授業を試みる

体育主任として、1997年11月から1998年3月まで1年生から6年生までの学年で体育の授業（マット・跳び箱運動）をやらせてもらい、その記録を書いた。1998年4月から1999年3月までの間にも授業をやったが、記録は書いていなかった。

いろいろな授業をした。課題を持って取り組んだもの、分かったことや発見があった授業、迷走したり失敗と感じた授業、授業をしている自分の心が淀みなく流れた授業、自分のやり方に確信を持った授業、様々な試行錯誤があった。子どもたちはその過程においてできるようになったり、学習課題を学んだり、表現活動をした。

いつも授業のあとは子どもたちに感想文を書いてもらった。子どもたちの感想文には、指導に対する正面からの反応が表されている。わたしからすれば、授業のどこが良く、どこの問題があったのかがつぶさに分かる。また教育や子どもというものについての多くのことも学ぶことができる。一番には授業の次の課題が示されている。そのような意味で「感想文」は大切なものだと思っていた。

3年間の多くの「感想文」のなかから紹介する。（2年生、原文のまま）

——おぎた先生1年間体いくを教えてくれてありがとうございます。とびばこのとび方がよーくわかりました。3年生になったら教えてください。よーく分かったところは、はしるところのリズムにのるところが分かりました。またちがうことをおしえてください。——

――1年間体いくをおしえてくれてありがとうございます。とびばこはきょうはふつうのとびかたをするのだと思ってどきどきしていました。だけどちょっとちがうとび方でした。さいしょはかんたんそうだったけど、やってみてみたらちょっとむずかしかったけど、だんだんかんたんになってきました。3年生になっても教えてください。――

――おぎた先生ときどき体いくをおしえてくれてありがとう。わたしがとんでから、おぎた先生からとびばこのとびかたをならってからとべるようになりました。3年生になってもいろいろなことをおしえてください。――

3 担任に戻る――求める子どもの学習像――

わたしは4年生の学担と学生主任に戻った。学級は児童数33名だった。

転勤して来てすぐの6年生、図工（描画）の実践で「友達の半身像」を描いた。子どもたちの描いた絵のなかで、とくにみんなが「描いている○○さんにそっくりだあ」と認める絵があった。（P．123、Y君の絵）

その後、この描画の実践を検討してもらう会（教授学研究の会、岩手・宮城の会、合同夏の研究会）に参加した。そこでこの絵について川嶋環氏が「わたしこの絵が好き。いいじゃない。まるでゴッホの絵のよう……。この子の絵がいい！」と言ったことを覚えている。

別の機会にわたしは横須賀薫氏にこの子どもたちの絵の感想を求めた。氏は「この子（Y

君）の絵がいい。子どもたちがこの絵がいいと思うようになればいいのになあ」と言った。

わたしは「Y君の絵」について、二人の評価や子どもたちの感想、またその絵から受けた印象から「どうしてみんなはY君の絵を評価するのだろうか?」とその理由を考えた。

Y君の絵は筆がいろいろな箇所を激しく動き、色も決してきれいな色ではない。勢いと丁寧さが入り交じり塗られている。それでいて顔も手も鼻も髪もしっかり相手の特徴を捉え、その素晴らしさを見い出し表している。バックも荒いタッチで様々な色を重ねて相手の子どもの個性が浮きでて来るように描いている。それでいて全体を見ると落ち着きと静かさを感じさせる。なにより子どもたちがその絵を見て「本人そっくりだ」と言う。

Y君は「充実して面白い」と感じながら描いているのではないだろうか。われを忘れて絵筆を動かしていたのではないだろうか。そのことが絵として表れているから「みんなが『いい‼』と言うのではないだろうか。Y君は猛烈に「学習し表現」している。様々な能力が交流し発揮されている。

わたしはそのように考えた。

わたしはその姿を「学習している子どもの典型」とし、これからの「学習する子どもの姿の『基準』」にしようと決めた。

そのような気持ちをもって再び担任に臨んだ。

◎理科「対流」の実験

「水の対流」を観察する実験だった。試験管の下方をランプに近づけ、その部分から水が対流する。その現象を見て、どうしてそうなるかの話し合いをした。

試験管をのぞき込む子どもたちはときに不思議そうに、ときに歓声をあげて水の流れの変化に見入っていた。

わたしは子どもたちに「ランプに熱せられている水はどう動いている?」と言った。子どもたちは答えない。試験管の中には初めから底におがくずがあり、それは炎のところから試験管の側面に沿って上がっていた。

「上がっているな。だけどまた下がってきている!」

「水も動いているぞ」子どもたちは声を発していた。わたしは子どもたちに「火と試験管の接しているところをよく見て。どうなっている?」と聞いた。

「おう、急に底からおがくずがぐっと上がって行っている!」

「何か動いているな」

炎と試験管の接しているところを一心に見ている子、水の流れを追っている子もいた。わたしはいい姿だなあと思った。わたしは次の問いを発しなければならない。

「上がった水がまた下がっている。なぜだ?」

「火のところから水が上がって行ったから、そこになにもなくなったから、そこに入っていく!」

ちょっと知識のある子は「水は温められると軽くなり上に行き、冷たい水は重いから下がる」と言っていた。

「火の粒が上がって行く」

子どもは「おれおれ、水が下がって動いて、ほらまた上がった」と声を出していた。

「熱くなって水は上に動いて行く、反対側の水が降りている。その水は熱い水に押されるんだ」

「いや、空いたところに落ちるんだ。こっち側の水は重いんだ」

わたしにはこれ以上の発問が出なかった。あとは子どもたちの目を丸くしている姿を見ているしかなかった。

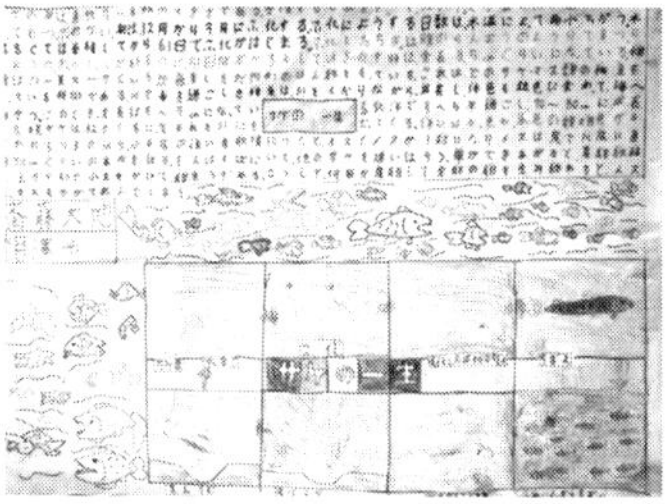
サケの調べ学習

◎自主教材「サケ」を調べよう。

自主教材「サケ」の学習にも取り組んだ。パソコンの学習も入り、子どもたちに調べ学習をさせることにした。テーマを決め、同じものに興味を持った子ども同士をチームとして「サケ」を調べることにした。テーマは「サケの一生」、「サケの回遊」、「サケの天敵」、「サケの回帰」、「サケの種類」、2～3名のチームで調べた。なかには一人でまとめた子もいた。使用する模造紙の大きさも子どもたちが内容によって決めた。発表会もやった。子どもたちは面白く、楽しそうだった。

2001（平成13）年、この年も4年生の学年主任と担任だった。

この年学年を組む先生のなかに初めて学級担任を経験する若い先生がいた。わたしは学年経営の考え方も、「担任の先生が目の前の子どもと向かい、必要と思ったもの、子どもとともにやりたいと思ったものをやる」という方針で臨んだ。ごく普通の教科の学習のなかで子どもたちの様々な能力を全的に引き出していければいい、と考えていた。

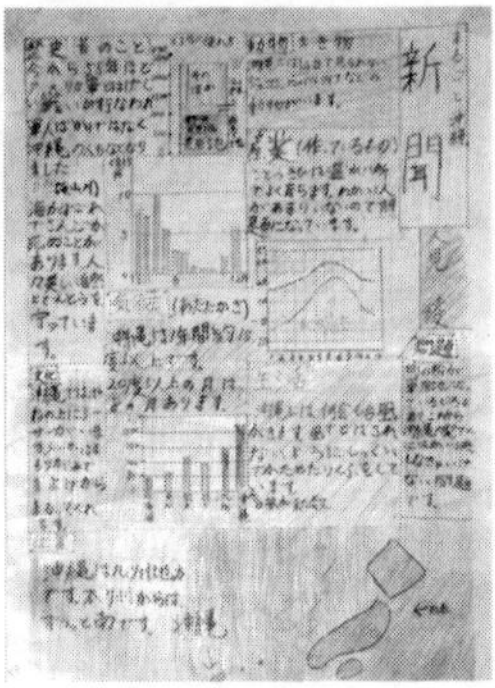

自主新聞

学年全体の活動としては、「朝の会」で先生たちが毎週交代で話をする、学年全体で合唱をする、ということを続けただけだった。

わたしの学級では、朝の子どもたちの話。自主的な係活動（飼育係の「生き物の紹介」や「生き物」触れあいコーナーづくり）。総合的な学習（「暮らしを知ろう」「地域とくらし探検」）。本読み、工作、マット運動、社会の「ごみ問題調べ」、ヘチマの観察画、運動会のリレーでの学年優勝、理科実験「水のすがたとゆくえ」、紙芝居づくり、応援団、駄洒落合戦等。一日何か一つ面白く楽しい学習活動をしよう。そんなことをやった。

若い先生も様々な活動を子どもたちと楽しくやっていたようだった。

第四節　仙台市立片平丁小学校にて

〈2002（平14）年～2009（平21）年〉

教務主任の実践──日課表と年間計画づくり──

2002（平成14）年、片平丁小学校に転勤した。

転勤したその日、校長室で校長先生に名前を呼ばれ、前に立つと「教務」と言われた。わたしは前の学校で実践へのエネルギーがゼロになったと感じたので、転勤して新たな実践への力を得ようと5、6年の学年主任を求めていた。そうならなかった。転勤を誤った。

仕事に追われ勤務の初日から6月まで職員室から一歩も校庭に出たことがなかった。

こんな事務作業の仕事のなかで、教務主任の立場にいる以上実践などできない。そういう弛緩した心でいた。教務の仕事に一応慣れて余裕ができたころ、わたしはY先生が言ったことばを思い出した。Y先生は友人で実質を備えた実践をやっていた教師だった。「実践とは、目の前の子どもや教師のために何をするかだと思う。どの立場でも同じだろう」。わたしは片平丁小学校の子どもたち、先生方のために何ができるかを考えた。

まず「全校の子どもをよくするためには、担任の先生方が生きがいを持って仕事をやることだ」と思った。だから先生方が出している「学級だより」「学年だより」「保健便り」「学校だより」を職員室の前に掲示コーナーを設けて貼った。先生方の仕事の自己表現として。

次に子どもと教師にとって、「一日の学校生活がよいリズムで過ごせる」、そのような「日課表づくり」を考えることにした。

朝の始業開始の時間は、子どもや家庭の生活のリズムを考えて何時に始めるか。朝の活動は学級の活動として何分間がいいか。授業時間と休み時間は子どもの学習と休息を考え何分がいいか。給食時間は配膳も含め、食べる時間を十分とってその後の休憩時間を何分にするか。午前・午後の時間割で「一日の子どもの学校生活のリズム」をどう作るか。

教育課程の時数などを考慮に入れて「日課表」を作った。誰に評価させる訳ではなかったが、自分ではよい「日課表」だと考えていた。

対内外の教育関係団体との懇親会にも校長先生方と共にほとんど出席した。学校が関係団体と良好な関係を保っていることは、学校の先生方の活動をやりやすいものにするためにも必要なことだと思っていた。これも実践の一つと考えていた。

年間行事計画づくりは実践としてメインの仕事だと思って取り組んだ。

年間行事予定にはその学校、大きく言えばその国の学校文化が表されている。また子どもたちの学校生活、学習にも大きな影響を及ぼす。学校全体の生活や学習活動の年間のリズム（何を核として、どう学校行事を年間のなかで配置するか、一年間の学校生活の集中と弛緩をどう構成するか）を計画的に作った。

3学期制の時は日本の季節の移り変わりや習俗、また学校文化の伝統に対応した運動会や学芸会、夏休みや冬休みで学校生活にリズムを作り出すことができていた。運動会や学芸会、学期末の学級参観を「学習の場の核」として学習活動がそこに向かって進み、その過程で教師も子どもたちも学習に取り組むものとして設定した。

しかし運動会や学芸会の教育的な力が落ち、また「総合的な学習」などの導入によって、「夏休みをその学習期間」と捉える2学期制が施行になり、学校生活に行事を核とするリズムが作れなくなった。

総合的な学習を「学習の中心」として「夏休み」を組み込み、9月、3月のリズムを作る考え方の2学期制は実質のないものになっていて、年間の学校生活のリズムを作るものとはならなかった。

だから子どもの一年間の年間生活にリズムがなくなり、変化のない日常が子どもたちの心を平板なものにした。子どもたちへのその影響は大きかった。

そこでわたしはやはり学級参観を担任、学年の学習活動の核と位置づけ年間計画を作成した。片平の子どもと教師が年間の学習活動のなかで授業参観を学習の公開の場所と捉え、そこに向けて集中とリズムを作っていけるように時期を考えた。そのような考えで年間行事計画を作っていた。

些末なことと思われるだろうが、なるべく補欠授業に入るようにしたり、職員室に教頭、教務が不在なときがないようにすることも実践だと思ってやっていた。

あるとき、放課後の職員室で6年生の主任の先生と立ち話をしているとき、思わず「先生のクラスの子ども、もっと○○を伸ばしたらいいのになあ」と何気なく言った。そしたら主任先生が「わたしたちだって、一生懸命やっているんです」と強くわたしに言ってきた。わたしは驚き、返すことばが出なかった。その先生が毎夜疲れて湯船で寝ている話を聞いていたから反論はできなかった。配慮のない意見だったし、まだ教務の実践がどういうもので、どのような効果を持つかは、そのときはまだはっきりと分かっていなかった。

第三章　実践の蹉跌《さてつ》
――荒涼と無力――

〈２００９（平21）年～２０１０（平22）年〉
仙台市立折立小学校

1　荒涼とした教室

２００９（平成21）年4月、仙台市立折立小学校に転勤した。5年1組担任、学年主任、研究主任が校務分掌だった。赴任式と始業式が終わり、職員室から教室に行った。

教室に入って小さな教卓の後ろに立ち、子どもたちに向かった。子どもたちを見た。わたしが目の前に立っているのだから、子どもたちはわたしを見るだろう、見るまで少し時間はかかるだろう、と思いそれを待った。

違っていた。新しく担任になったわたしを見たのは2、3人の子どもだけだった。あとは机の下に本を持ってそれを見ている子ども、窓の外をぼうっと見ている子ども、わざと後ろを向いて背を見せながらしゃべっている男の子。教室の後ろで立って話している2、3人の男の子たちもいた。廊下に出ている子どもたちもいた。心配そうに周りを見ている女の子もいた。ほとんどの子どもたちは目の前にいる担任であるわたしを見ていない。大きな声を出すと一瞬静かになった。けれどまたざわざわと自分たちの関心事に向かっていた。

教室の子どもたちはバラバラだった。寒々とした感じを覚えた。一人の女の子が「こんなんだよ」とわたしに言った。

2　実践を始める

始まって1週間、この子どもたちを何とか学習に集中するよう、教師の方を向くようにしよう、子どもたち同士が互いに学び合うようにしようと願った。

この子どもたちは生活においても、学習においても自分からやろうとはしない。内面は積極的な子どもたちだとは感じていた。その消極性、反抗、拒絶は何に対するものか。とにかくこの子どもたちに自主的な学習や活動をどんどんやらせることが大事だと判断し、実行していった。

係活動では、いま学級ではどんな係が必要か、何をやるか、みんなに頼みたいことは何かなどを自分たちで考えさせた。そしてやったことを口頭や新聞を作って発表させた。とにかく自分たちでゼロから考えて自分たちで作るのだ。

掃除活動もどこが汚れているか、他の子はどこを掃除しているかを自分で見つけ、自分のやることを決めて実行する。どこをやるか迷っている子ども、毎回楽で同じ箇所を選んで掃除している子どももいた。

社会や理科などでは「調べ学習」を多くし、調べたものをまとめさせる学習に取り組んだ。「総合的な学習」でも『環境の領域』で調べる題材を自分で決めて発表させた。

自分の好きなテーマを決め自主学習として自作の「調べノート」に書かせた。（例：シャーロック・ホームズについて」）。4月、5月はこのようなことに力を注いだ。

学習内容も子どもたちの「資質をつくる」ものにした。「ものをよく見る力をつけるため」として、理科で稲の栽培とその観察画を描かせた。イネ全体が入るくらいの画用紙を用意し、葉の先から根まで写生させ、分げつしているところを確認させたり、「根・茎・葉」の色や形の違いをよく見させた。根の全長を実測、記録させたりもした。

これらのことを続けた。5月になり、子どもたちもわたしに気軽に話しかけてくるようになった。

3　一人の女の子が不登校になる

5月に入り、一人の女の子が不登校になった。着任してからその子が気にはなってはいた。その子を見ていて表情が乏しい子だなあ、とは感じていた。休み時間でもほとんど自席に居て、他の子どもたちと話をしない。その子のことは学級の引き継ぎのときは知らされていなかった。一年生のころから同じような様子で、学校に来ないことが何回かはあった、と後に他の先生から聞いた。

非常に明晰な子だとは分かっていた。彼女の「雲と気温の変化」を調べる提出プリントを見てそれは分かった。そのプリントの内容は学校でも家庭でもしっかり観測がなされていたことが分かるものだった。その記録やグラフ、結果の数値と図表が用紙いっぱいにしっかりした構成で書き込まれていた。わたしはそれを見て驚いた。

その子が不登校になった。わたしは彼女を精神的に追い込んだ、という自覚はなかった。繰り返すが、その子は休み時間などでもほとんど席を立たず、子どもたちと話したり遊ばなかった。子どもたちも無理して遊びや話に誘うこともなかった。接触がないのだから、「いじめ」などわたしには考えられなかった。

わたしは彼女の声を聞いたことがほとんどなかった。意識的に彼女に話しかけ、笑わせたりもし、話させようと努めた。学習のときも多く当て、発言や活動を引き出そうとした。彼女は指名されても言葉は発しなかった。しかし学習内容はしっかり理解していた。それは市販テストの点数でも分かっていた。その子が突然学校に来なくなった。

家庭訪問をし、近所にいる同級の子どもたちも訪問させた。学校から手紙をやり、問題集を送った。保護者と話し合う対策を講じた。わたしが訪問したとき、家のなかでは賑やかな声が聞こえていた。近所の子どもたちや母親は彼女が家では盛んにしゃべるし一緒に遊ぶ、と言う。それは級友たちも言っていた。母親は、彼女は朝玄関までは行くのだけれどそこから進まない、とわたしに話した。なぜ来ないのだろう。なぜ来なくなったのだろう。わたしには原因が分からなかった。しかし彼女は何か大きなものを拒否しているのではないか、行きたい心があっても「からだ」が拒否している、と感じた。彼女は「今の学校」を、その内容を「体と心」で拒否しているのではないか、とわたしは思った。彼女は卒業まで学校に来なかった。

4　子どもが見せる二面性

学校生活が進むにつれて、子どもたちの授業を受ける態度や教師に対する言動の「二面性」が気になるようになった。対する先生によって、またその授業によって子どもたちの態度や様子が違う。

算数はすべて少人数の担当のA先生がT1として一斉授業を行っていた。

A先生の授業は、教科書の記述の順に従って進められ、説明は明解でわたしはT2として支援にまわった。語勢も強く「板書を正確に書き写すこと、内容を正確に覚えること、質問に対しても正答を求める」ものだった。授業では質問に対する発言以外は先生に強くとがめられた。おしゃべりをする子どもは一人もいなかった。

A先生は学習内容を全員に正確に理解させるため努力を惜しまなかった。子どもたちには正答を理解するまで学習を求めた。それは徹底されていた。A先生は未理解の子どもを休み時間や放課後も子どもが正答を得るまで見てやっていた。家でも必ずやってくることを求めた。やってこず、休み時間もなしになることに不満を表す子どももいた。しかし最後まで見てやり、ノートやプリントの間違いを直してくれるA先生に子どもたちは信頼を寄せていた。

A先生がそこまでやるには理由があったのだと思う。折立の子どもたちの学力についての心配が根底にある、と思うようになった。子どもたちの学力不足を補うため「放課後学習」を職員会議で提案し、実現させたのもA先生だった。

しかし、わたしの授業のときは、子どもたちはA先生のときのような、学習の態度ではなかった。

体育の授業で整列させて授業を始めようとしたとき、数人の男子が列を離れ体育館倉庫からボールを持ち出してボールを蹴ったり、体育館のステージに上がって鬼ごっこをしたりした。その様子を聞いた教務主任の先生がやって来て、強いことばで彼らを注意し、先生が整列の号令をかけるとその子どもたちは列に入って整列するのだった。学校のルールを破った何人かの男の子が廊下でA先生や教務の先生に強い口調で注意されているところを見かけた。彼らは頭を下げてうつむいていた。しかしわたしが叱責したときは、わたしの目を見返した。

わたしはこれらの子どもたちの二面性が気になっていた。それがなにか学校全体の問題に起因しているのではないか、と考えるようになっていた。

5　子どもたちとの関係が悪化していく

6月、7月になってクラスの様子が悪くなってきた。

学年のなかに何人か心のうちに暗い不満や反抗心を持っている男の子たちがいた。それは学年を受け持った当初から感じていたことだった。学級を跨いでそのような感じの子どもたちが群れていた。その子どもたちは本来は素直な子どもたちだった。優しい心をもち、人一倍頑張る子どもたちだった。正義感もあり正しい反抗心や意地を強く持ち合わせている子どもたちでもあった。（それはその後の彼らの進路先での生活や学習の態度、活躍の事実によって証明されたている）しかし何回か先生方に反抗的な態度を示したり、友達に対する悪意ある行動をとったり、学校でしてはいけないことなどをして説諭され叱責されたりすることもあった。そのことで彼らの保護者も交え話し合う場なども設けられた。

H子という天真爛漫で素直な明るい、すこしわがままなように友達たちからは受け取られていた女の子がいた。その子の机がワザとずらされていたり、倒されていたことが続いた。だれがやっているかは級友もわたしも分かっていた。H子は怖がっていた。しかし健気に明るく振る舞っていた。彼らは他の弱い子どもにも手を出すようになっていた。そうやって子どもたちの「荒れ」が表に出るようになった。

群れて反抗的になる、荒れる子どもたちは、この学校では各学年何人かずつ必ずいた。また先生たちの話から、過去にも毎年何人かの荒れる子どもたちがいたことが分かった。学期初めに、子どもがわたしに「センセイ、この学校では毎年2~3人の先生が病気で休んでいるんだよ」と得意げに話した。そのことばの内容が当初から気に掛かっていた。

6 反抗がわたしにも向かってきた

授業中、彼らは平気で後ろを向いて話したり、教科書を出さなかったり、わたしを茶化したりするようになった。その様子を他の子どもたちは見ていた。わたしはそれでも授業や学級活動を通して彼らを育てようと試みていた。

図書の先生とこの学校の子どもたちの「荒れ」について話していたとき、「子どもたちは前に比べてよくなっている。前はもっと凄かった。これでもよくなったのですよ、先生」とそのころの恐怖を思い出すような目をして話してくれた。

わたしが転勤して来る前までの先生方は「子どもたちの荒れ」に対処すべく全力を尽くしていたのだろう。

この地域も家庭も教育力を十分持っているとは言いがたかった。けんかをして相手を殴った子どもに、「なぜ人を殴った、どんなことがあっても人を殴ることはだめだ!」とわたしが諭したとき、その子は「殴られたら、殴り返す、それは当たり前だろ」と悪びれず小さな声で言い返してきた。わたしはその子の親御さんたちもそういう気持ちで毎日緊張して生活していることをその子の「ことば」から思った。この地域は多様な考えの親が社会に対して緊張して生活し子育てしているのだ、と思った。

「荒れる子どもたち」への対処が先生方の一番の関心事だった。子どもたちに対する徹底した学習指導や強いことばによる子どもへの注意は、その対処の一つの表れではないか、とわたしは考えるようになった。それは子どもたちに学力をつける目的と教師にとって安心した授業の環境を作るためだったのではないかと思うようになった。

しかし強い指導は一部の子どもたちの「反抗」を生む。それが「子どもの二面性」を生んでいる原因ではないか？　そう考えた。

しかしだんだんその「理解」だけでことは収まらなくなってきた。目の前で実際のいじめや反抗が表れ始めたからだ。わたしは自分のやり方で対処できなくなり、子もたちに対して強い叱責などもするようになった。するとなお反抗は増し強くなっていった。

9月以降、反抗的な子どもたちは授業でますますその態度をエスカレートさせていった。彼ら自身もそのようなことをする自分を止められないようだった。止められることができるのは大人、教師しかいない。しかしそのようなことは理屈で分かっていても、実際に改善する力がわたしにはなかった。「子どもが荒れる」理由を理解しているつもりによって辛うじてわたし自身の「こころの安定」を保っていただけだった。

10月が過ぎ、不思議なことに次第に荒れる子どもたち以外の男の子たちも反抗的なことばを口について言うようになった。普段は発言もしない、下を向いていることが多い子や授業の内容をよく理解し、よい発言もしていた子どもたちまでもがわたしに対して反抗するような「ことば」を発するようになった。それらの子の一人に「なんでみんなは、先生たちが注意すると理屈ばかりいって、言い返してくるのか？」と聞いたことがあった。するとその子は「先生たちが理屈で攻めてくるかだ」と言い返してきた。

7　藁をもすがる思い

わたしは、A先生のような授業はできなかった。したくない、というのではなかった。わたしにはできなかっただけだ。自分の持っているものにすがるしかなかった。この子たちは自分というものを表現できないのだ、何か学習に正面から自分で、自分たちで取り組む経験が必要だ。子どもたち同士が互いに学び合い交流することが、この子たちには絶対必要だ、その思いとそのための実行しかわたしには他に頼るものがなかった。

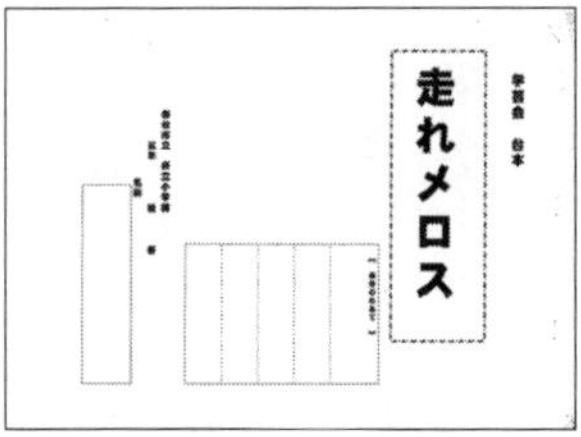

「走れメロス」台本

それはかすかな力のないものだった。夏休み、5年生の子どもたちを頭に思い描いて朗読劇「走れメロス」の自作台本を書いた。学年全体でどの子も生きるようにソロや群読を入れた朗読劇だった。学芸会で行った。朗読する子どもたちは集中したよい顔をしていた。フロアーの母親たちが座るところの前に進み出て「メロスは走る」と体育館に響き渡る声で朗読した子どもの姿が忘れられない。

子どもたちとの間がもう取り返しが付かない状態のときも、わたしは国語の物語文「大造じいさんとガン」（椋鳩十）の読み取りの授業をした。子どもたちに読解の力を付けることや互いに学ぶことの経験をさせたい一心だった。着任式の日、後ろを向いてしゃべっていたU君、ほとんどの授業で教科書を机に出さなかったU君が感想文に「さいごのどうどうとたたかおうじゃないかというところがオレはいいとおもった（怪我をしているガンの頭領（残雪）と大造じいさんが向き合う場面）」と書いてくれた一枚の感想文がわたしの心の支えだった。

8　臨時保護者会が開かれる

夏休みに入って、すでに身心とも疲れ果てていた。

2学期になっても学級の状態は変わらなかった。むしろわたしの気力は萎え、学年主任の仕事も同学年のS先生にやってもらう状態だった。講師のS先生には申し訳ない気持ちでいた。しかし頼るしかなかった。教頭先生が配慮してくれた。

教室の状態が子どもたちを通して保護者に伝わり、保護者が心配し、学級の役員の方々がわたしとの話し合いの場を設けた。役員さん方はわたしを励ました。校長先生とわたしの話し合いでもわたしが「子どもたちを自主的に学習に取り組ませたい」と話すと「ぜひそうしてください、頑張ってくださいと励まされた。

しかし校長先生に「どうしてそれができないのですか」と問われたこともあった。わたしは「やっているのだが」と心のなかで言っていた。保護者も校長先生も応援してくれていることはありがたかったが、現実は悪い方に転がって行っていた。

学級の状態が変わらず、とうとう学年集会を学校が持つことになった。そのなかで校長先生が学年や学級の現状の説明や先生方の頑張りなどの話を保護者にした。保護者からも現状への心配や「しっかりやって欲しい」との強いことばが母親からあった。

校長先生は保護者への説明が必要として会を設けたが、それはわれわれ担任や子どもたちを守るためのものでもあるはないか、と思った。

このような形で保護者の方々と向かうのは嫌だった。わたしにとって、保護者はいつも味方だった。保護者のためにもやってきたという気持ちがあったからだった。会場の保護者の姿を声のない白黒映画のなかで見ているような感じだった。なぜここにわたしたちがいなければならないのか、と感じていた。

ただ同学年の先生をこの場に立たせていることだけが申し訳なかった。

保護者会が開かれても、現状は変わらなかった。

9　一日、休む

10月を過ぎたころには、教室のなかが荒涼として寒々しく感じられるようになった。何人かの男女がわたしと授業に向いていたが、他の女の子たちも授業を聞かなくなった。むしろわたしを信頼し学習に向いている子どもたちが孤立するようになった。

A先生の算数のときは依然として同じように全員が机に向かって鉛筆を走らせていた。わたしは学校に行く、という意欲が無くなってきた。嫌になってきた。ある芸人が後輩芸人に「どんなに辛いことがあっても、自分から尻をついてはあかんで」と言ったことばを覚えていたので、自分から学校を休むことだけはすまいと決めていた。しかしとうとう学校に行く気力が失せ、週末の金曜日床から起き上がらなかった。

週開けの月曜日に学校に行った。A先生の授業中、背中を見せていた男の子がふっと振り向いて「センセイ、わざと休んだでしょ」と言った。

10　担任の仕事を明け渡す

校長先生に「学級のいまの状況、どうしたらいいと思いますか?」と尋ねられた。このままでは現状は変わらない、と思われたのだろう。わたしは「A先生に授業をしてもらうのがいい」と言った。A先生が教える方が子どもたちにとっては安定した状態で生活が送れる、と考えていたからだった。

その通りだった。A先生が算数以外の教科でも教えるようになり、授業中に立つものもいなければ、私語を交わす子どももいなく、他の教科も進度通り進んだ。T2のわたしは、授業中教室の後ろに置いた自分の机にいて、子どもたちが持ってくるノートやプリントの○付けをした。机間巡視をしながら子どもたちの学習も見た。

無表情で、何事もなかったかのようにノートを差し出す子どもたちの顔を見て、そのことが不思議だった。

11　5年後

夏休みが明けて大掃除があった。たまたま「あの時の5年2組」と過ごした教室をわたしは子どもたちとワックスがけをしていた。わたしは教室を見ながら、当時のことを思い浮かべた。

掃除をしていた子どもが今は使っていない煙突の煤受けを引っ張り出し、「センセイ、中にこんなものがあるよ」とわたしに渡しに来た。それは市販テスト（国語・社会）、理科のワークテストや社会のプリント、毎日のA先生の算数のプリント、宿題プリント（算数・漢字）、作文、「総合的な学習」で調べたことで未完成に書かれたもの、「創作のものがたり」の作文、卒業式の「旅立ちの日に」の原稿等が、もじゃもじゃにくるまれた大きな紙の固まりだった。わたしはそれを子どもから受け取り、それを棄てた子の名を見た。「あっ」と思った。「大造じいさんとガン」（椋鳩十）の授業での、あのたった1行だけの感想文を書いたUのものだった。

わたしが5年後の今も持ち続けているあの「感想文」を書いたUだった。「大造じいさんとガン」の市販のテストも含まれていた。点数は70点だった。わたしはそれを見て少しほっとした。物語の内容はちゃんと理解していた。けれどわたしは、その丸められ押し込まれた紙の塊を持ったとき、「無力だ」ということばが口から出た。

第四章　実践の再起

――もう一度自分のプレースタイルで――

〈２０１０（平22）年～２０１６（平28）年〉
仙台市立折立小学校

第一節　もう一度ゼロから「授業」を考える――「授業者」として――

担任としての実践の蹉跌を経験した。また続けたかった研究主任の仕事もなくなり、実践（授業）への意欲はほとんどなくなっていた。

わたしは少人数担当のＴ２として担任と連携しながら指導に当たっていた。

１年が過ぎた。心の回復も少しずつなされてきた。２年目になり、わたしはもう一度原点に戻って、実践や授業について「ゼロから考え直してみよう」と思った。

２０１１（平成23）年から再び実践に取り組み始めた。

わたしは少人数指導の担当になった。少人数指導にはさまざまな指導形態がある。複数の先生で子どもたちを少人数のグループに分け（能力別、興味・関心に応じた分け方等）指導するやり方、また一斉指導の授業形態をとり、T1・T2として連携して指導するやり方がある。わたしは少人数指導担当として、校長先生や学年の先生と相談または了解を得て、一斉授業を「算数」では担任の先生と単元ごと交互に、「体育」においてはT1として年間を通して行った。

「算数」においては2011年度から2014年度までの4年間、2年生、3年生、4年生を相手に、「体育」においては2012年度2年生、2013年度4年生で授業実践に取り組んだ。

1　どんな教科、領域でも学習課題は作れる（教科・領域「算数・体育」）

（1）算数

わたしはもう一度「子どもは学習において、どんな教材を好むのか、どのような学習課題を設定すれば子どもは意欲的に学習に取り組むのか、どのような発問をすれば子どもは考え想像するのか。子どもの思考にはどんな種類のものがあるのか。子どもが学習を面白がるのはどんな時だろうか？」などをゼロから探ってみようと考えた。

各単元で「この問題なら、子どもたちは面白がるだろう」、「ここのところは子どもたちもわたしも面白かった」というものを記録していった。子どもが授業で面白がる程度で1面白（オモシロ）から5面白（オモシロ）までランクをつけた。やっていくうちにだんだんその「面白がる内容」もいろいろな内容があることが分かった。

例えば、「多様な考え面白（オモシロ係数3）」、「展開、算数的な考え面白（オモシロ係数5等）」など。136個の「面白（オモシロ）」を2年生から4年生までの算数の授業で3年間かけて探った。教科書はすべて「東京書籍」だった。

「面白」の内容を幾つかの種類に整理したのでそれを記したい。

①多様な発想面白（オモシロ係数3）

課題に対して、その解決について多様な視点や発想、考え方やイメージを引き出す。

3年下「重さをはかろう」では、重さの比べ方で多様な発想を求めた。

学習課題：二個のものどちらが重いか？　みんなだったらどうやって比べる？　その方法を考えよう？

子どもたちにいろいろな考えやアイデアを出させた。子どもたちの意見には必ずそれぞれに何らか根拠がある。子どもたちはノートに二、三個のアイデアを描いていた。出たアイデアを子どもたち同士で検討した。

1　手で持つ。（これはわたしが子どもたちに考える意欲をださせるための「呼水」として提案したもの）
2　二つのビーカーに水を入れ、異なる重さの粘土玉を落とす。
3　天秤の両側に異なる重さのものを吊す。
4　シーソーに乗せる。

5　竹の棒に糸を繋いでおもりをつけ、そのしなり具合で重さを比較する。
6　はかりに載せて重さを数字で読む。（数字で比べる）
7　綿の塊に重りを乗せ、綿の沈み込み具合で比べる。

子どもたちは自分とは異なる友達の発想に感心していた。

この多様な発想や考え方を出す学習課題は多くあった。

「計算の工夫：2年」（26＋7の多様な解法の仕方を考える）。このときなどコンゴ出身のS君が（お父さんの仕事の関係で仙台に家族で在住していた）が独創的な解法を出し、算数の思考には国境は関係ないことを確認したオマケもついた。

また方法の多様な探求の仕方として「角の大きさの表し方を調べよう（角の大きさをどのようにして決めるか？）：4年」、「計算の工夫（26＋7の多様な解法の仕方を考える）：2年」などがあった。

②再定義面白（オモシロ係数4）

これはすでに明らかな知識を改めてその意味を捉え直し、認識することを求めた学習。

2年上「時計を生活に生かそう」で時間と時刻について考えた。

わたしは時刻と時間の学習を始めるにあたって、子どもたちに「時刻と時間は何が違うか」と聞いた。それを学習課題にした。

わたしは子どもたちに「赤ちゃんが生まれ、子どもになり、お兄さんやお姉さんになり、大人になり、おじいちゃんやおばあちゃんになる。それまでのこれ（黒板に赤ちゃんからおじいさんまでの簡単な絵を描き、赤ちゃんからおじいさんまでつながる横線を引いた）は時間ですか時刻ですか？」と聞いた。子どもたちは「時間」と答えた。わたしはすかさず「じゃあ時刻は？」と問い返した。子どもたちは「う、ううん」と唸った。わたしは「時刻と時間」が違うことを単純なことで教えられないかとその場で想像を巡らした。とっさに浮かんだのは水道栓から水が流れる場面だった。それを黒板に描いた。「じゃあここに水道の栓がある。いま蛇口をひねって水を出す。水が蛇口から出て下のところまで落ちるこの間は『時間』かな『時刻かな』」とわたしは畳みかけた。子どもたちが言った。「落ちるまでは『時間』、落ちる瞬間が『時刻』」。わたしは子どもたちと「時間」は水が落ちて下までの「間」にかかった「とき」であり、「時刻」はその一瞬の「とき」なんだな、と確認し合った。子どもたちは頷いていた。

この再定義を課題とした実践としては「円と球の違い（平面と立体で何が違うか）：3年」、「角の大きさとは何か（角とは何か）：4年」、「形を調べよう（直線と曲線の違いは何か）：2年」、「たし算の仕方をかんがえよう（『＝』とは何か）：2年」などの学習でなされた。

③日常生活と算数面白（オモシロ係数3）

日常生活のものと算数での「形」との対応を結ぶ面白さを求めた。「円〇」と「時計、ボタン、電灯、ポットの蓋、地球、磁石、ドーナッツ等」の形。また式や計算と日常の事象をつなぐ面白さも探究した。「変わり方調べ4年（二つの量がお互いに関係し合って変化する）」では、月の変化と気温、家の数と木材の減少、車の走った距離と排気ガス等などの面白い例を子どもたちは出してきた。

④算数とイメージ面白（オモシロ係数3）

わたしはこの学習で「図形の球の形を想像する面白さ」を子どもたちと味わった。3年生の単元「まるい形を調べよう」で、球について子どもたちと考え合っていたとき、K君が立ち上がって発言し出した。「自分たちがいま居るところを球の真ん中とすると、球の周りは教室の天井や床の周りに円くある」、わたしはその発言で「わたしたちは教室から天井や床を抜けた大きな球のなかに自分たちがいて、球の内側の面」を見ているようなイメージが浮かんだ。びっくりした。

⑤創造面白（オモシロ係数4）（数の記号を自分たちで考える）

3年生の単元「大きな数のしくみ10000より大きい数を調べよう」では、子どもたちに「あるものの数を表す、その表し方を自分たちが始めて創る」面白さの経験をさせた。

わたしは子どもたちに「自分が森の村に住む子どもとして、森で見た鳥の数を村に帰って村人に教えるのに、どのようなもので表すか？」と質問した。子どもたちは「鳥の絵」や「棒の絵」、「線」、「石」、「線分線」、「数字」など黒板に出て書いていた。

⑥「算数すごい!!」面白（オモシロ係数3）

算数というものの持つ凄さを子どもたちと確認し合った学習だった。

「変わり方をグラフに表そう（自然の事象を点や線や数字でできたグラフで表すことができることの面白さ、そしてそのグラフを多様に考え出せる面白さ）４年」、「直方体と立方体（空間のものの位置を３次元の座標の線と点で表すことができる。（４年）」「長いものの長さのはかり方、長さを測ろう（深さも高さも温度も色も明るさも地震の強さもみんな数と単位で表せる面白さ）：３年」。

そのほか、

⑦分析面白（オモシロ係数３）「四角形をつくろう（平行四辺形がどのような特徴ある図形かを分析する）：４年」

⑧観点面白（オモシロ係数２）「整理の仕方（事象を整理するためには観点が必要なこと。アンケートつくり）：４年」

⑨「数式と美的イメージ面白（計算のやくそくを調べよう・計算の決まり：４年」（オモシロ係数４）

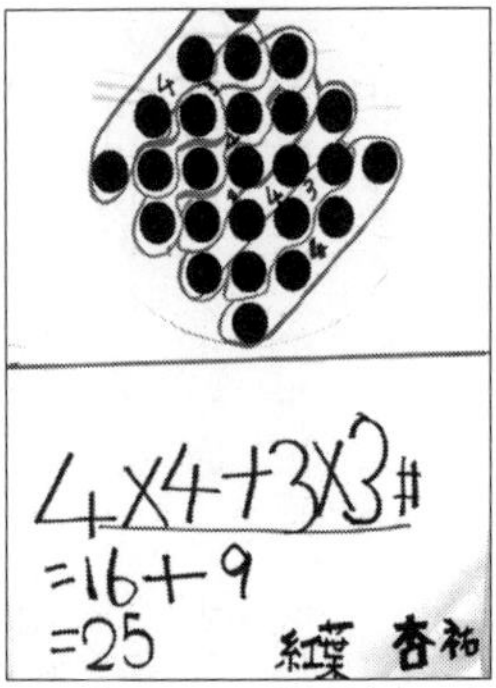

「ドット図（解答）」

などもあった。とくにこの学習で数式と図の対応に子ども（人間）の持つ美的イメージがつながっていることにわたしは驚きを感じた。「（図のドントの個数を数式で求める）」

⑩展開面白（オモシロ係数５）

算数単元「長さのたんい　長さをはかろう：東京書籍２年

上」
２０１２（平成24）年、２年生での実践（授業）だった。
授業で各単元ごとに様々な学習における面白さを探っていた。教材の面白さ、学習課題の面白さ、多様な発想や考え方が出るときの面白さ。そのなかで授業が思わぬ展開をし、その過程で子どもが学習内容を発見的に獲得するとき、授業が活気づくことに気が付いた。それを「展開面白」と名付けた。それは今までの面白さとは少し異なり、授業展開の過程で起こるものだった。

その単元（長さのたんい「長さをはかろう」）は教科書の導入から面白い発問が続いていた。モグラの掘った長さの違う穴が３つあり――穴の長さを直線で示している――、「いちばん長い線の長さはどれだと言えばよいでしょうか」と問うている。教科書はそれを同じ長さのブロック６個分、クリップ４個分と表し、それでは比べようがないとして単位（cm）という長さを決め、１cmの長さが決めればどんな長さでも決められ、異なったものも比べられるとして「長さは１cmがいくつ分あるかであらわします。センチメートルは長さの単位でcmと書きます」と長さのはかり方と単位を教えている。

このことを子どもたちが自力で考えて「単位を決めなければ異なったもの同士の長さを比べられない」ということを論理的に結論するような授業をしてみたいと考えた。

子どもたちが「穴を計るため、この直線を何をもとに長さを測るか？」の問いに対して、どのようなものを挙げるかまず興味があった。わたしは子どもたちに穴の長さを何を使って測るか、決めるか、と発問した。S君が「指」と言った。続けて子どもたちからは「消しゴム、キャップ、本、指の太さ」などの発言が出た。わたしは面白いなあ、と思いながら子どもたちの意見を聞いていた。「指」の話が出たので、その話を少し膨らますつもりで昔の人は「長さを腕の長さや足の幅」で決めたことを話した。子どもたちは少し感心していた。

少し間を開けて、子どもたちに「同じ穴の長さをそれぞれ違ったもので比べ、そのことで長さを説明しても人には伝わらないではないか」、と言った。子どもたちは「それはそうだ」と頷いた。

わたしは畳みかけて「もし「指』に決まったとしても『指の長さ』はみんなそれぞれ違う、だから正しくは比べることはできない」とも言った。子どもたちは何か共通のものを一つもとにすればいいと考え、S君が「チョークでやればいい」と意見を出した。

そして黒板にあった新しいチョーク一本をもとにする、と主張した。わたしは「なるほど」と言いながら何かやり返すことを必死で考えていた。わたしはS君に言った。「一本のチョークをもとにするとして、外国にいるオバマ大統領の背の高さとS君の背の高さをその決めた一本のチョークで同時に測ることはできないだろう!」と得意になって言った。どうする? そしたらT君が「同じ長さをみんなで決めればいい」と言った。それでわたしは「1cm」の意味の話をし、これでオバマ大統領とS君と同時に測ることができることを話した。子どもたちは

「なるほど！」というように目をわたしに向けた。Ｓ君は「そうか」と声を出した。

（２）体育（教科・領域）において

２０１２（平成24）年、折立小学校の2年生（40名）の年間の体育を少人数のＴ１として指導することになった。

4月、5月と子どもたちの遊ぶ姿や運動の様子から課題を見つけようとした。遊び時間や体育の時間での子どもたちの走る姿、跳び方、ボールの扱い、鉄棒にすがる様子、ダンスのときの動きを見て子どもたちの課題を見つけた。

子どもたちを校庭で直線を走らせてみた。体がふらついたり、全力で走り切れていない。ドッチボールではボールを手指を突き出して取っていたり、ぎこちない投げ方をし、またボールを見ないで逃げたりしていた。ダンスなどでは音楽に乗って踊るけれども指先や足先での表現が不明瞭だった。行進はリズムに乗って歩けるが隣り同士ぶつかったりしている。

まずこの子ともたちに全身を十全に動かすことの爽快感と充実感を経験させることから始めようと考えた。また教材にしっかり向かわせること、教師の発問や指示に対応する力を付けることを課題とした。そしてこの一年、とにかくこの子どもたちに様々な運動領域の教材を通して、多様な運動能力を身に付けさせようと考えた。

基本の運動の「ボール運動」における実践はこうだった。

子どもたちはボール操作が苦手だ。動くボールとの対応が難しい。「子どもたちは体の発達からしてもまだ自分の体を自由に操作できない」ことは認識していた。しかし学習として「ボール」運動に取り組み、ボールとの対応力、学習への集中力などの能力を子どもたちに養うことはできる。

「学習課題」をボールや相手と対応することとして、「捕る、投げる、突く、受ける、つかむ」のなかで設定した。

「捕る」は自分から指を立ててボールをつかむのではなく、手を大きく開いてボールをつかむ、ボールをお腹で包むように受け入れる。

「投げる」は手を大きく開いてボールをつかみ、相手の額また胸をめがけてゆっくり投げる。

「突く」は手を大きく開いてボールを押すように、跳ね返ってきたボールを手の平で受けてまた押す。体全体を使って、膝を柔らかく。

体育館でそれらを課題に取り組んだ。子どもたちのボールとの対応力、ボールや相手との距離感を持つ、空間認識力などを引き出すためでもあった。

同じように各領域・教材において学習課題を設定し実践に取り組んだ。

〈歩く「行進」〈学習課題：距離感を保って歩く。リズムを合わせて歩く等〉

〈表現運動「動物園の動物たち」「海のなかの海藻」「魔法使いごっこ」「嵐のなか雲に昇る龍」
学習課題：様子や動きを表現する。相手の様子や動きと対応する。音楽の旋律、リズムとの対応〉

〈水遊び「だるま浮き」「伏し浮き」「けのび」学習課題：水と体の対応、呼吸の仕方や体の姿勢」
〈走「ハードル跳び」学習課題：リズムのある走り〉
〈縄跳び「前・後ろ跳び」学習課題：縄の動きと体の対応〉
〈マット・跳び箱運動「前まわり・後まわりとびこし・横まわり・踏み越し・開閉脚跳び上がりとびおり」学習課題：運動の論理の獲得、体の操作〉

2 この子どもたちには「表現活動」が必要だ

◎子どもを見る

２０１３（平成25）年、折立小学校の４年生（46名）を少人数指導のＴ１として、学年合同の体育を指導することになった。

４月に二人一組になり、背中でボールを運ぶ運動をした。そのとき驚いたことは、二人の背中の間にボールが上手く挟まらないことだった。挟まってもスムーズに二人で運べないことだった。子どもたちの体が硬いことや動きがぎこちないこと、相手の体の動きとの対応力がないことに驚いた。体の柔らかさと他との対応力を付けなければならない、と強く感じた。

また学習における子どもたちの消極性も気になっていた。教師の発問に対して答える子どもは少なく、黙って手を挙げ指名されても小さな声で俯き加減に発言する子どもたちが多く見受けられた。人前で発表するときも同じだった。なかに何人か学習活動に反発する男の子たちがいたり、反対に「自分は駄目だ！」と消極的なことばを発す子どももいた。

「表現活動」に取り組むことは、それらのことへの改善につながっていくのではないかと考えた。

◎恥ずかしさを取る

わたしはまず子どもたちの「表現することへの恥ずかしさ」を取り去ることから始めた。

4月、集団で走るとき、かけ声を掛けさせた。

「おれたちゃみんな強いんだあ……いち、に、いち、に、さん、し。前の奴らは皆どけろう、いち、に、いち、に、さん、し」と大声を張り上げさせ、校庭を全員で駆け足させた。女の子たちにも「わたしたちみんな強いのよお……、いち、に、いち、に、さん、し。前の男はみなどけろう、いち、に、さん、し！」と大声で言わせた。女の子たちは初め恥ずかしがって笑っていた。けれどもだんだん慣れ始め、か細い声でしか言わなかった女の子たちが声を張り上げ始めた。かけ声をかってでる女の子が登場し、みんな笑いながら走ったこともあった。

5月互いに体に触れるさせる運動をやらせたいと「相撲」などもやらせた。子どもたちは本気になってやっていた。女子も本気だった。

◎表現を楽しむ（ジェスチャー）

6月、いよいよ表現活動に入る。まずジェスチャーから始めた。わたしが魔法使いの役になり、座ってわたしを見ている子どもたちに魔法の棒を振りかざして「えんぴつになあれ！」と叫んだり、「ネコだ、トラだ、ワニだ」、「逃げるうさぎになれ」などと無理難題を要求し、はじめ子どもたちは何のことか分からない顔をしていたが、しまいにはキャーキャー楽しそうにやっていた。

◎**演ずる**

ジェスチャーの授業も終えたころ、子どもたちに人前で言葉を話したり演じたりすることを経験させようと寸劇（「桃太郎」、「浦島太郎」、「三匹の子豚」、「狼と七匹の子ヤギ」などから、4～6人のグループごとに選ばせた）をやらせた。まずは型がある方が安心して楽しく表現活動ができると考えたからだった。

しかしこのときわたしは子どもたちの予想外の姿を見た。発表の段になってわたしは驚いた。子どもたちが全く動けないのだ。台詞もぶっきらぼうだし、子ども同士の対応もない。わたしは誰でもが知っている「お話」なので簡単に面白がってやるのかと思っていた。大間違いだった。子どもたちは自ら考え話し合っていくことさえできなかった。

◎**シチュエーションにおける表現**

9月～10月、「話し言葉なしでの対応」を表現の課題とした。

「『通り』ですれ違う人たち」

「街の通りを行き交う人たち」を各自通行人になって歩く。初めのグループの子どもたちは、歩いて来てただ何のジェスチャーもなく擦れ違っていた。わたしは「おいおい、何もせずにすれ違うというのはないだろう。途中で知り合いに会ったら挨拶するとか、歩きながらスマホを見るとか、デパートのウィンドウを覗くとかいろいろあるだろう」と子どもたちに言った。すると次のグループでは、様々なアイデアの動きが出てきた。挨拶してなにやら話し込んでいる二人、杖をついて歩くおじいさん、犬を連れている人。なかには歩いていて互いにぶつかり、悪のりしてケンカの演技をやっている男の子たちもいた。子どもたちは面白がっていた。

他にも「コンビニのなか」、「プールサイド（プールサイドでは溺れる表現をする子どもが出てきて、救助のストーリーに展開した）」、「歯医者の待合室」、「回転寿司」などの題材でやった。わたしも初めて子どもの握った寿司を食べた。

◎物語を表現する

11月～12月、自分を出すことまた子どもたち同士対応できるようになったので、今度は自分たちで状況を作り行動、表現をすることを課題とした。

7～8人のグループを作って場や状況を設定し、友達同士でやっていくことにした。題は公募したら「銀行強盗と宝探し探検」となった。探検隊になって、川のなかに入りながら滝壺の奥にある宝を探し当てている子どもたちの姿や銀行の金庫のある部屋で、互いに合図を送りながら、金庫に耳を当てて開けようとしている子どもたちの姿が可笑しかった。子どもたちは恥ずかしさを持たず、自分たちの設定した舞台のなかで生き生きと演じていた。

◎「表現」に取り組む（音楽教材を使って）

A「逃げろ‼　プレーリードッグ」（教材）ハチャトリアン作曲「剣の舞い」

2月、恥ずかしさもなく表現活動をやれるようになったので、音楽の曲を教材に表現活動に取り組むことにした。曲を解釈し、物語を作り、それを用いて表現活動をする。そう考えた。曲を解釈し、構成を3部に分けた。1部は狼が森から丘へ駆け降りる場面、2部は丘に住むプレーリードッグたちが逃げ惑う場面、3部は狼が走り去って行った場面とした。子どもたちをプレーリードッグチームとオオカミチームに分けた。

情景は川のそばの土手にプレーリードッグたちの巣があり、そこで生活している。土手の上は森との境。森には狼たちがいる。

「剣の舞い」の曲の構成に合わせて、森からオオカミたちが獲物を狩に駆け降りて来る。逃げ惑うプレーリードッグたち。穴に潜り込むもの、川に向かって駆け逃げる者、呆然と立ち尽くす者、子どもたちの表現は感心するほど多様な表現をした。オオカミたちも曲に合わせてプレーリードッグたちを追いかけ、そして去って行った。曲との対応、人と人との対応・交流を子どもたちは経験した。

B「海賊船　海をゆく」（教材）ビゼー作曲「カルメン前奏曲」

3月、次の課題とし「演劇的な表現」を求めた。もっと物語性があり、表現課題としては、「例えば、物をつかむ、水を手ですくう、というリアリティーのある表現」を求めることが子どもたちには必要だ、と思った。

状況設定は、荒海を航行する海賊船にした。それをもとに教材になる曲を選んだ。場面を三つに分けた。凪の場面。嵐の場面。快晴の場面。

子どもたちに曲を聞かせ感想を聞いた。子どもたちは「海賊船」の知識も無かった。その説明から授業は始まった。

教室のなかで海賊船のイメージを「ことば」で創った。教室のどこにメインポールがあるか、どこくらいの太さで、舳先どこを向いているか。

子どもたちの動作のなかで、船の縁の帆と船体を結ぶ綱を丁寧に結んでいる仕草をしていた二人の女の子に目が行った。その子たちの「綱を結ぶ仕草」を褒め、わたしがその動作をやって見せて、その動きを紹介した。「ない綱をつかむ」。子どもたちはそれを見て自分の表現に集中していった。

授業を終えた。

一人、最初から最後まで授業に入らないで、壁を背に座っていた男の子がいた……。

3　ばたばたと前へ倒れていく、回転できない
――「頭支持倒立前まわり」と「倒立横まわり」――

2013（平成25）年10月から12月に掛けて、わたしは折立小学校4年生2クラス（児童数

46名）とマット運動「頭支持倒立前まわり（三点倒立からの前まわり）」と「倒立横回り（側転）」に取り組んだ。

（1）「頭支持倒立前まわり」

子どもたちは「頭支持倒立前まわり」の運動自体を知らないようだった。誰かできる子どもにやってもらいその運動を示そうとしたが、誰もがそれがどんなものか分からないようだった。だからわたしがやってみせた。子どもたちは「センセイ、すごいなあ」と少しわたしを尊敬したり、この教材に関心を持ったようだ。

マットにおける着手の位置を決めるさせることから始めた。「マットに両手と頭で三角をつくり、足を引きつけてきて、腰をポンとその上に載せる。どこにも力が入っていないポイントを見つけたら足を引き上げて、前にまわる」とわたしはマットに両手と頭をつけ、着手のやり方を子どもたちに見せながら言った。

5人一組でマット一枚を使い、一人ずつマットに向かわせた。子どもたちはことごとく失敗していた。

子どもたちに両手でマットにつき、それに頭を添えてきれいな三角形を作ることを指示した。どこから押されても体がグラグラしないように、しっかり大きく開いた手でマットをつかむことを指示した。

子どもたちは慎重に手と頭の位置を定め、腰をポンと上げる。ところがほとんどの子どもたちが次々とそのまま前にまわっていった。また腰を載せてもバランスがとれず、板が倒れるようにバンと前に倒れた子どもがいた。

子どもたちはやる度に前に転がったり倒れたりした。――後の検討会で子どもたちが「逆さ感覚に慣れていない」のではないか、壁倒立などで慣れさせる必要がある、などの意見をもらい、自分の指導の「頭の堅さ」を反省した。――

これは無理か、と実践を止めようと考えた。しかし子どもたちは止めようとはしなかった。何回もマットに手と頭をつけ、しっかりした土台を作ろうとしていた。子どもとは「難しい課題を好む」ということの正しさを再認識した。

前にまわるときに首に負担がかからないように、「前にまわるときは首の後ろ、肩から背へとマットにつくようにまわっていくこと、背中を丸めてまわること」を指示した。倒立が崩れても安全に前にまわれるように一度「前まわり」に戻って、まわる感覚を子どもたちにつかませた。

子どもたちはマットをしっかりつかみ直し、頭と手で作る三角形の上に両足を近づけながらポンと腰を載せたり、ゆっくり載せようとしたりそれぞれ工夫していた。

腰を載せたあと微妙に体が動いている。子どもはそのなかで一生懸命考え、体を操作しバランスのポイントを見つけている。そうやって倒立する体のポイントを探り、足を引き上げている。できそうになり、それでもちょっとのバランスが崩れ前に倒れ崩れてしまう。それでも子どもたちは止めず続けた。なお集中が増しているようだった。

なかに腰が揺れながらも足をゆっくり上に引き延ばし、つま先まで伸ばして行った子どもがいた。きれいな頭支持倒立だった。子どもたちはその子の姿を見ていた。子どもたちはその姿を見届け、また自分のマットに戻って手の位置を定めていた。できる子どもたちが増えてきていた。

(2)「倒立横まわり」

4年生の子どもにとって「側転」は初めて取り組む教材だった。子どもたちは日常生活においてあまり「逆さ感覚」の経験はない。そのことが原因かあまりやりたくない様子だった。

11月、修折館(震災で間借りしていた中学校の武道場)で子どもたちの側転を見る。

両手を同時につく子ども、片手ずつ手をついても腰が曲がって両足で床についてしまう子ども、横に手を出せなく、足を踏み出さない子ども。体操クラブに通っている子たちは速く回転する。両手でついて両足で着地していた。

側転のできる子はクラスの中で4、5名くらいだった。

わたしは側転を次のように解釈した。生みだされた回転の運動を手から手に、そして腰を支えに足と足へと伝えていく、その運動が途切れず、その伝えていく過程にリズムが生まれる運動。その運動を合理的に行うため、腰を伸ばし体全体を円のように伸ばし開きながらまわっていく。

その運動の合理的な動き（運動の論理）を追求し、体で創り出し身に付ける。そのことを指導の目的とした。

修折館（武道場）で横一列4人ずつ同じ顔の向きに並ぶように指示した。初めは一列ずつ、とにかく武道館の端から端までまわってみる。ほぼ全滅というくらいできなかった。できないことは嫌なことなので、みんな「できないよ、止めようよ」など口々に言った。

全員が終わり、問題点を見つけていった。子どもたちの腰が伸びていない、床に着手するとき両手でついている、腰が曲がって両足で同時に床につく。体を投げ出していない。それらの点に子どもたちができない点を見ていた。

子どもたちを集めて、わたし自身、体を使ってまわるためのポイントやそのときの体の使い方を示した。

「いいかい、体はこのように大きく開いて、腰を伸ばして、息を吸うと体が自然に伸び上がる。その力でフーと吐きながら体を投げ出す。その力を手・手・足・足と伝えていく。体は開いたまま。やってみよう」と話をした。

子どもたちは4人一列になってトライを始めた。「何回も、何回も続けて」とわたしは言った。何回もやるうち無駄な動きが無くなるだろう、と思ったからだった。一列の4人のうち2人くらいできるようになった。

両手を同時につく子には、その子の向かいに立って「手・手・足・足の順についていけばいい。そして手を大きく開いて体の重さを支えながら伝えていくんだ」と言ったり、腰が曲がる子には、「腰を伸ばす姿勢のまま手に体重をかけていくんだ」などと指示した。また最初の着手にとびこめない子には一緒に呼吸して「はい、遠くに手をつくつもりで、体を投げ出す、腰を伸ばしたまま！」と一緒に体を投げ出すようして伴走した。

子どもたちの回る姿に無駄な力が入らなくなった。体をいっぱいに伸ばして回る子も出てきた。手・手・足・足と力を伝えていく過程で、子どもたちはその運動を表現しようとしていた。きれいな回り方をする子が出てきた。子どもたちは何度もトライした。

後の時間、発表会のつもりで、中学校の体育館の広いフロワーで横4、5人ずつ並び、端から端まで子どもたちに側転をさせた。このときは武田常夫氏が実践で創作した「側転の伴走曲」に合わせて子どもたちはまわった。なかなかできない子には、わたしは横に付いていっしょに手を床に持っていく動きをやったりした。できない子も一生懸命努力していた。

感想文を読むと、家で親御さんに見てもらって練習したという子がいた。感想文には「できてうれしかった」や「逆さになるのが楽しかった」とか「運動がにがてでもやれるようになりたい」と書く子もいた。

第二節　どの校務分掌でも実践をする

教育実践を主に「担任の立場」から書いてきた。教育活動に係わる実践は様々な立場において行われる。以前から勤めていた学校の事務職の先生が各学級への教材費の配分の仕方や、学校全体の事務予算の執行の仕方によって、学級、学年、学校全体が教育を活性化し、学校が変わっていった事実を見た。またある栄養士の先生の給食メニューの工夫（美味しく、栄養があり、献立が多彩等）や給食パートさん方の努力によって子どもたちの栄養の確保と食への喜び、給食時間への期待する気持ちが作られていた事実を知っている。

わたしは２００９年度から2年間研究主任として、２０１１年から２０１４年まで4年間地域連携担当として、それぞれの校務分掌を通して折立小学校の全校の子どもたちの変革を求めて教育活動（実践）に取り組んだつもりだった。

1　「失敗」を一人の先生に教わる――研究主任として――

わたしは２００９（平成21）年4月、仙台市立折立小学校に転勤した。そのとき校務分掌として研究主任を割り当てられた。前任が転任になったこともあったが、研究主任を校内から選ぶのではなく、子どもの学習の状態や研修の内容を全く知らない転任者に当てるということは、校長先生もそれまでの研究の在り方を変えたいという意向があったのだろう、と思う。

その年の研究の目標や方法は、通常前年度に決められている。「計画案」とは言っても、それをもとに次年度の研究が運ばれるのが普通だった。わたしもその年は子どもの学習の状態とこの学校の研究の課題を知るために前年度の計画に従って研修を進めた。前述した「実践の蹉跌」のことで、担任の仕事にエネルギーのほとんどを費やしていたため、研究主任として何か新しいことをやる心の余裕はなかった。けれどもその年の担任の経験から、折立小の子どもたちの学習課題と研究の方向性を自分なりには見い出していた。

折立小学校の子どもたちは好奇心も旺盛であり、教師の発問にも素直に応対する。しかし授業において積極的に発言したりすることはなく、押し黙ったまま授業に臨んでいる状態だった。それと反対に、全く授業に後ろ向きで、教師の指導に反抗的な態度をとる少数の子どもたちもいた。それはわたしたちの授業での指導の在り方に原因があるのではないか、と考えていた。この状態の全校的な変革がなければ、子どもたちも先生方も苦しくなる一方だと強く感じていた。

その年の仙台市の学習状況調査や仙台市標準学力検査においても、折立の子どもたちは学習内容の習得はよいのだけれど、学習意欲が3年生から高学年に連れて低下していた。国語においては「物語・説明文の読み取り」がよくないことや、理科や社会の内容の理解が5年、6年生になるほど低下していることが見られていた。

子どもたちがおとなしく授業で学習内容を聞いているようすだからといって、内容を理解しているとは言えない、むしろ学習活動が受け身だから理解しようとする気持ちも失せていっている、と考えていた。わたしは学習意欲を引き出し、子どもたちが積極的な学習活動をすることが、それらを解決することにつながり、それには教師の授業の在り方の変革が必要だと感じていた。

また初年度の一年間の研修が終わって、研究や授業の方法のなかに「子ども学習の様子が変わらない」原因の一つがある、と気が付いた。それは折立小の「研究」だけではなく、今まで勤めてきた学校や研修で見た学校にも共通している問題だった。授業の目的、検討が「仮説の検証」を見い出すことが主になっていて、「子どもの視点」からそれらを見ていないことだった。また教材の選択、教材解釈のなかに「子どもの視点」から考えることが欠けている、ということだった。実際に学習するのは子どもなのだから、その視点がないと、子どもの思考や理解につながる方法が分からないのでないか。

2010年度の研究に向けて、昨年度の主題（「共に認め合い、意欲をもって学習する子どもの育成」）についてアンケートをとった。それは先生方におおむね好評だった。そこでわたしは今年度そこに副主題として「～学ぶ楽しさや分かる喜びを味わわせ、学習内容の確かな定着を図る授業づくりを目指して～全教科」を入れて提案した。その副題に取り組むことが折立小の授業と子どもの変革につながると考えていた。

5月に行われた研究推進委員会では研究主題は昨年と同じ（4年目）とした。授業研究（学年中心、年一回の公開研究授業を1月〜2月）にすることを提案した。年度末に研究授業を行うことによって、研修が年間を通した活動になることがねらいだった。一年間の研究や授業を行うことによって子どもが年間を通じて育てられる、と考えたからだった。しかし各学年から出た研究授業の時期は6月から11月だった。わたしは妥協し了承した。

教師の力をつけることが折立小の現状を打開するために必要と考え、研修に「授業記録」を書くことや、「実践記録」を書くことを明記した。

「研修だより3（6月号）」では「学習集団を組織すること」、「教科に取り組ませること（教科書教材から）」、「教師の表現力の育成（文集作成）」など矢継ぎ早に提案していた。

先生方はよく主題の趣旨を踏まえ、積極的に授業に取り組んだ。成果が多くあった。特に二つの研究授業に強い印象を持った。

この年は校内研修に10年次研修や初任者研修も含まれており、該当の先生方も校内研修の主題を受けて授業を公開した。

初任のT先生がやった3年生の理科「明かりをつけよう」の授業のなかでの子どもたちの姿がくっきりと印象に残っている。先生が豆電球に明かりがつくときとつかないときの回路（豆電球と導線と乾電池のつなぎ）の違いを提示して、「どんな時に明かりがつくと言えるか？」と質問した。様々な意見が子どもたちから出て、突然Sちゃんが席を立ち上がり「導線を通って、乾電池の力（電気）がここの導線と豆電球の線に流れないと行かないの、豆電球の線（豆電球の意）が光らないの!!」と甲高い声で発言した。子どもたちは「ウン、ウン」と頷いた。電流の流れがないと、回路が成立しなければエネルギーがつながらない、発光しない事実を子どもたちは理解した。

また10年研のO先生の「アサガオで遊ぼう」も楽しい授業だった。アサガオの花をすりつぶして色水を作る。子どもたちは錬金術（何が生まれてくるかは分からないワクワク感等）の楽しさを存分に味わっていた。わいわい賑やかな授業だった。色水を使った様々な遊びも工夫させていた。子どもたちも思いがけない遊び方を創っていた。その授業には子どもたちの工夫や発見が存分に引き出される指導の工夫が随所にあった。

11月の研究授業のころよりわたしは授業をした先生方に「授業記録」や「実践記録」を書くことを求めた。しかしこの頃から先生方の間では何でこのようなことをわたしが要求するのか疑問や不満を持つ先生方も出てきた。

12月の研究授業が終わって、1年間の研修を終えた。予定では翌年1月に各学年が校内研究のまとめをし、2月に研究推進委員会で来年度の校内研究案を作る。そしてそれを研究全体会に提案する段取りになっていた。

2月になり、研究推進委員会で次年度への提案の話し合いが始まった。研究主題も4年目になり、次年度はより発展的に変えることになった。

二つの方向性の違う意見が出た。

わたしは子どもが学習集団として学習に取り組み、その過程で学習内容を確実に獲得することが折立小学校の子どもたちにいま必要だ、と力説した。それは今年度の研究に対する先生方の意見（成果が上がったが、まだ不十分だということ）も考慮に入れた提案だった。また右記の二つの授業が強くわたしたちが「求める授業」のイメージとしてわたしのなかにあった。

しかし推進委員会のなかの何人かの先生からは「来年度は主題を変えるとして、子どもたちの学習での様子を見ると、思いや考えを持っていても表現することができない様子が多く見られる。だからまずそれらを『表現』させることがよいのではないか」、という意見が出された。

その発言は先生方が目の前の子どもの姿をよく見ており、素直に感じたことだ、とは分かった。しかしとっさに「それでは現状をダイナミックに変えることはできない」と感じた。わたしと何人かの先生方の意見が並行し結論が出なかった。わたしは強く先生方を説得したが合意は得られなかった。

推進委員会として二つの主題を提案することにした。

①「自分の考えや思い、イメージを表現できる子どもの育成」

②「ともに学び合い、学習集団として学習内容を確実に獲得する子ども」

研究全体会が始まった。

まず各学年から今年度の研究の成果と課題のことが話された。各学年が「共に認め合い」という主題に対してペア学習を試みたり、ノート指導の過程で友達の考えを書き留めたり、学習の過程での躓きを話し合ったりと成果の意見が出た。特別支援では年長者との交流によって成果を出せた、などの意見も出された。主題に沿った各学年の努力とその事実を聞き、「よかった」と思った。

幾つかの学年から出た子どもたちの課題は、「表現（自分の考えなどをことばで表現する）」が多かった。その現状認識は正しいとは思ったが、「子どもが意見を言わないのは表現力がないのではなく、むしろわたしたちの授業が表現を抑制させていることにある」とわたしは考えていた。

各学年の発表が終わり、研究推進委員会で出た二つの主題案について説明した。

自由討議に入った。先生方の最初の質問はわたしの提案した②の「学習集団」という「ことば」に対してだった。「学習集団」とは子どもたちのどのような様子なのか？　わたしは算数や国語や理科の学習での例を出し、「子どもたちが課題に対してみんなで考えたり、調べたり、発表し合っているイメージだ」と答えた。「それは一斉学習か？」との質問に対し、わたしは、「それはグループ学習でもよく、全体として目標があり、活動し、子どもたちがその目標に向かっていき、学習内容を身に付けていく姿だ」と答えた。

先生方はわたしの意見にいま一つ同意していないように感じた。

若い先生から「学習集団を研究主題にしてよいのか、集団をどのような方向に向けされるのか主題ではないか、学習集団として成立していなければ、研究はあり得ない、もうひとつ上の次元の児童像を目指すべきではないか」というまっとうな意見が出た。そして続けて研究授業のとき「学習集団はできあがっていた。主題②に含まれる段階はすでにできあがってきたと考えられる。その上でうまくいかない『表現』の能力を付けていこう」という意見が出された。

そこから一気に「『表現』という主題」を推す意見が続いた。

この流れを止めなければ、と感じた。「研究授業で取り組んでいた子どもの姿をよりいろいろな教科のなかでも実現することがいま大事であり、子どもたちが学習をしたなかで『分かった。できた』という『時』を持つことが大切なこと」だと思った。

わたしの提案した主題の後半についての意見が出た。「学習集団として学習内容を確実に獲得する子ども」の部分だった。それは「厳しい」というものだった。同様の意見が出た。

このあたりからもう主題を決めていい、という雰囲気になってきた。そして「表現」を推す先生方の意見が続いた。頑張って「子どもが学習のなかで分かったとい充実感がなければ、表面的な子どもの変化で終わってしまいます」と言った。するとすぐに一人の女の先生が立ち上がって「わかった、できた、のために表現を使う……」と発言した。わたしは発言しているその先生の目を見て「はっ」とした。その発言をしている女の先生の目に不安と恐れの感情があることを見た。わたしの主張していることが彼女を追い詰めている、と感じた。このまま自分の主張を押し通してはならないことを、その先生の姿に教えられた。

「先生方は不安なのだ。不安を持たせたままやったら、授業も学級経営もよくならない。……」安心してやれるように努めねばと思った。

その後「学習意欲がたりない……という実態が目につくのはよく分かるので、確実に能力をあげたいという思いはみんな持っている」という意見や「表現でも表情で表す子どももいる。二極化の下の方の子も、その意味では表現している」という養護の先生の意見などわたしの考えを補う意見も出た。

意見も出なくなり教務主任の先生が「表現」を中心にということで討議をまとめようとし、わたしの方を見て「いいですか」と聞いた。わたしは黙っていた。会は終わった

2　全校の子どもたちを知的好奇心の旺盛な子に――地域連携担当として――

わたしは２０１１（平成23）年、研究主任から地域連携担当になった。研究主任として今後の進め方を思い描いていたので、それができなくなり失意のなかにいた。

しかし地域連携の担当となり、心をそこに向けると、折立小の子どもたちに何かをしてやりたいと思う。すぐに思い立ったのは、「折立小の子どもたちを知的好奇心旺盛な子どもたちにしよう」ということだった。２０１４（平成26）年まで4年間その実践に取り組んだ。

それまでの折立小の地域連携の行事は、子どもたちの生涯教育の基盤づくりと言える「わくわく折立タイム」と毎週金曜日の朝に行われていた「本の読み聞かせ」活動が主だった。

地域連携　写真　①

地域連携　写真　②

地域連携　写真　③

「わくわく折立タイム」は地域から講師を招いて、子どもたちの希望を入れて様々な文化を教えてもらい、それを体験する機会だった。その行事は子どもたちの生涯学習の視点を入れたものであり、地域の活性化につながるものと企画されたものだった。それは子どもたちにとっては自分の好きなことや興味あること、自分に向いていることなどを知ることにつながった。地域の方々にとっては、学校・子どもと交流することによって、自らの生きがいにつながり、学校を理解することにもつながるものだった。

「本の読み聞かせ」もまた子どもたちへの知的経験として大きなものだった。金曜日の朝、子どもたちが全員で一つの物語を聞くことは授業での集中する姿勢につながった。また読み聞かせをする方々（「サークル・お話しいちば」お母さんが多かった）に」とっても、「本の読み聞かせ」を通して自らの生きがいを得ることにつながっていたと思う。

わたしは地域連携を通して「子どもたちの知的好奇心を引き出す」ことをこの実践の第一の目的として計画した。子どもたちに必要だと考えられるもの、その学年、時期を含めてジャストなものを「出前授業（専門家によって高度の文化を伝えてもらえる）」として招聘しようと考えた。

２０１１年度は東日本大震災の年のため、「わくわく折立タイム」は行

地域連携　写真　④

地域連携　写真　⑤

地域連携　写真　⑥

われなかった。しかし震災だからこそ子どもたちの学習は充実したものにしよう、とわたしは決めていた。

6月、3年生のために宮城教育大学の読み聞かせサークル「お話ポケット」と連絡をとって「人形劇」をやってもらった。「低学年の子どもたちに『人形劇』を」それが願いだった。子どもたちはニコニコ顔で笑い、学生さん方も一生懸命だった。

9月、5年生の総合的な学習の授業の一環として、地元の農家の方と連携し「稲の収穫」体験をした。この学習は5月の「田植え」体験から始まっていた。

1年生は幼稚園との交流で合唱や合奏の発表。少しお兄さんお姉さん気取り。2年生は福祉施設「泉翔の里」を訪問し、歌や劇を披露。

10月は1、2年生が「動物触れあい教室」。八木山動物公園の職員の皆さんが小動物（ひよこ、ヘビ、うさぎ）との触れあいの機会を作ってくれた。

4年生は盲導犬ユーザーの方との交流会を催し、その体験の話を聞き盲導犬と触れあい、他者に対する思いやりの心を養っていた。

八木山動物公園の普及課の方から様々な鳥の卵を見せてもらいながら「動物の多様性」の授業を受けた。

地域連携　写真　⑦

地域連携　写真　⑧

地域連携　写真　⑨

11月には6年生が仙台市博物館の相澤典文先生から「江戸時代の参勤交代」の授業を受けた。伊達政宗の参勤交代とその様子を話してもらった。

5年生は学校間交流として、訪問公演と称して広瀬小学校で練習を重ねた「折立ソーラン」を発表した。そしてまた5、6年生の有志で折立市民センター祭りや折立中学校の文化祭に参加し合唱の発表もやった。子どもたちの表現活動の場を積極的に設定するようになった。

12月には5年生が宮城教育大学の出口竜作先生から「クラゲってどうやってふえるの？」という題で「クラゲの一生の生態や発生」の出前授業を受けた。その後、先生は毎年授業をされた。5年生は続けて宮城教育大学の内山哲治先生から「電磁石」の授業も受けている（先生には4年間を通して6年生にも「電磁石の話」・「エジソンと白熱灯」・「雲をつくる」・「エネルギーの実践」・「電気・光・熱」などの授業をしてもらった）子どもたちも大人のわたしたちもあっと驚く「科学的な事実と原理」を実験や観察を通して教わった。

6年生は福祉施設「泉翔の里」で合唱発表をやり、5年生はこの月3つ目の出前授業として仙台市天文台の長谷川哲朗先生による「月と太陽」の授業も受けた。

地域連携　写真　⑩

地域連携　写真　⑪

地域連携　写真　⑫

また、6年生は国際交流プログラムとして「異文化交流」と名付け、外国籍の方との交流を行った。

1月には3年生が2回目の人形劇「名探偵ポッケ」をサークル「お話ポケット」にしてもらい、全校対象に体育館で田中光流通大教授に「さわやかキッズスポーツ塾」と銘を打って「体操体験」をしたのもこの月。

震災の年だったが、多くの方々の力を借りて子どもの「知的好奇心の活性化と表現活動」を推進できた。

他の年には出前授業では美術館見学を利用したものや1年生に対する宮城教育大学の齊藤千映美先生の「山羊と烏骨鶏を対面させる授業」など様々な方を招いた。

2012年度は前年の活動を基盤に行った。新たな出前授業の展開と子どもの発表の場の拡大（図工作品の折立市民センター祭りへの出品）、学年の学習活動の展開としての地域連携の取り組み、「わくわく折立タイム」への新講座の開設（俳句講座の新設）などを行った。俳句講座の新設は、わたしの発案だった。子どもたちのなかには目立たないが国語が好きで「俳句や短歌」に興味がある子どもがいるはずだ、それらの子どもの生きる場を作ろうと考えた。誰もいないかも知れない、とも思っていた。しかしやっぱりいた。３人だった。教えていただける80代の女性が見つかり、その方にも感謝された講座だった。

２０１３年度には「わくわく折立タイム」の講座にダンスを入れた。子どもたちを見ていて、折立の子どもたちにダンスの経験をさえることは必要であり、またやりたがっているのではないかと感じ、講師の斎藤二三世さんにお願いした。初めは恥ずかしがっていた女子も男子も終わりころには笑顔で踊っていた。ねらいは当たった。

地域連携　写真　⑬

２０１４年度、わたしは先生方の学習の展開としての地域連携の「実践記録集」を纏めることができた。連携活動のなかで願っていたものの一つに、先生方の学習の展開に地域連携を活用し学習の拡大に役立ててもらうことだった。それを実現させたのは先生方の「子ども」と「学習」に対する「強い思い」によるものだった。

わたしの地域連携担当の仕事は校長先生や先生方からも評価された。子どもたちも喜んでくれたようだった。先生方の協力のお陰だった。

３　新卒を鍛え、追い詰めてしまった！――初任者研修担当――

わたしは自分の経験から新任教師にとって最も大切なことは「子どもに問うものを持つこと、一日の生活のなかで授業や活動において、子どもに問いたい、または聞きたい、行わせたい要求を一つ持つこと」と考えていた。

どうしてそう考えるか？　それが「クラスの子どもたちの掌握」につながると考えたからだった。

わたしは２０１０（平成22）年、４年生の担任（講師経験者）T先生の初任研修担当になった。T先生は講師の経験が何年かあり、校務や学級経営の内容もよく理解し、まだ少し不安や自信なげなところもあったが他の担任の先生と遜色ない仕事ぶりだった。それどころか、学習指導においても理科を中心に子どもたちの興味・関心や観察する力などをつけることもしていた。「わかったこと」「もっと知りたいこと」を自分のことばで書かせる理科のノート指導を行い、学習意欲が旺盛な子どもたちを作っていた。「研究主任としての実践」の項に書いたように、T先生の研究授業「あかりをつけよう」の授業にそのような子どもたちの姿があった。わたしはT先生を新任として意識的に育てようとは考えず、学校内外の初任者研修を滞りなく終えることで、この場合は十分だと考え研修に当たった。

２０１２（平成24）年、わたしは再び初任者研修を担当することになった。新任のN先生は大学を出たての全くの新卒教師だった。わたしはこの先生が新任としてつつがなく1年を終えること、そして教師の基礎となる「子どもたちを掌握する力」をつけてやりたいと考えた。

A先生は口調がゆっくりで、張りと感情が豊かな話し方をする先生だった。意志も強く、フィギュアスケートの国体選手にもなったほど心と体を鍛えられた人だった。子どものちょっとした仕草に面白みを見い出し、それを見てよく笑う初々しい先生だった。

初任者研修は過酷である。教員が学校教育のなかで知っておかなければならないほとんどが研修の項目だった。

内容の研修は44項目、校内における授業関係の研修（師範授業の参観から年3回の研究授業、そのうち一回は公開）、また毎週1日程度になる校外研修をほぼ1年を通じて行う（年60日程度、研修の準備、記録の時間を入れて300時間程度）。そしてそれは学校における日常の校務や担任としての学級経営、学習指導、生活指導、保護者への対応、子どものけがや事故対応、給食指導、行事への参加などをしながら行われる。それでもそれらの研修が教師にとって目の前の子どもたちとの生活や学習指導の充実につながればよいのだが、事実はなかなかそうならないことが多く、心と体の余裕を失うことになっている。

わたしは意識的に毎週金曜日、「フレッシュ先生研修」と銘打って、初任のN先生とその週や月の研修についての会を持った。初任研の一環として計画されているもので、研修の予定や確認が主であった。それに加えてわたしはその場を通してN先生の担任として、教師としての指導力をつけていこうと考えた。行った子どもへの指導などについて、「助言や要求をする」という形で行っていった。

N先生は毎日忙しく立ち働いていた。子どもたちへのやさしさと歯切れのよい対応でよくやっていた。言うことを聞かない子どもなどに困っていたこともあったが、学級全体としては賑やかなよいクラスだった。

6月、初任者研修はすでに始まっていたが、わたしが初任研の課題の一つとした「子どもの掌握」につながる研修はここから始まった。

最初の会では、この1年の「重点課題」として「児童の掌握」、「学習集団として組織する力」、「授業の技量」を上げ、課題として「児童の理解の仕方（見る、分かる）」、「基本的な教師の姿勢（愛情を持つ）」、「基本的な学習習慣（子どもたちが、「わたしの先生はいつも学習のときこのようなことを聞く」と思うように自分のプレースタイルを持つこと）」、「生活・学習指導の基本（必要と思ったことをやる。相手を見て感じたこと、思ったことを言う。要求・課題を出す。出したら評価する）」、「授業の基本姿勢（授業は子どもとの対話、子どもなしに考えない）「自己研修のシステム（やって、事実を作り、そこから課題を見つける）」ということを提示した。

N先生は、ただ「はい」とだけ言っていた。

6月、N先生が子どもたちをさかんに図書館に連れて行って本を読ませ、また絵本などの読み聞かせをしていた。わたしはそのことを褒め、N先生に「絵本を読んだら子どもたちに何がよかったか、問うように」と言った。

わたしは新任ばかりではなく、教師が「子どもを掌握する」ためには「学習のなかで課題を作り、それに取り組ませること」が大切だと考えていた。その学習の過程で子どもは学習に向かい、教師の発問や指示に向かう。そのことによって学習内容を獲得し学習することの楽しさや喜びを得る。そしてそのことを通して教師を信頼し、教師に向かうようになり、結果として教師が「子どもたちを掌握する」ようになる。だからわたしは、教師が学習課題を作る、出すことが大切と考え、「教科書教材でいいので、その学習の部分から、自分で学習課題を見つけ出し、子どもたちに問うこと」を求めた。

7月、国語の実践授業で「漢字の組み立て」をやることになった。「漢字は偏や旁などの部首を持っている」ことを学習するものだった。その実践授業で扱う箇所の前の部分でN先生に「教科書の文章のなかから学習課題を作ること」を求めた。N先生は「仲間に分けるものは何か」ということを「問い」と設定し、子どもたちに聞いた。子どもたちは積極的に手を挙げ、話し合いは盛り上がった。N先生の笑顔が印象的だった。N先生は授業後、「楽しかった」と言っていた。また子どもたちも学習内容を理解した。

9月になって、「N先生の授業のなかでの子どもとの対応力が弱くなってきている」と感じるようになった。

「どう授業をしたらいいのか、いろいろな指導の方法を学び、やって見たい」。N先生は校外の初任者研修で学んだ指導法を使って授業を試みていた。そのことはよいことなのだが、子どもの学習の状態を見ないでそのまま当てはめて行ったり、学習の内容を急いで伝えるだけの授業が目に付くようになった。子どもとの対応に気を付けて指導するという基本姿勢を身に付けさせたかった。

教頭先生から算数の指導で研究主任の先生の研修を入れることを言われた。研究主任の先生は算数の「ノート指導」で実績のある人だった。「ノート指導」そのものはよいものだが、そのノート指導においてもN先生は形式的に形だけを追う指導になっていった。子どもの思考や表現の状況に応じて授業を展開することがないことにわたしは少し危ぶむようになった。

10月の研修の会で、わたしはN先生に子どもを「見ることと対応すること」を求め、それを音楽の合唱や国語の授業を通してやることを提案した。

基本に戻って、毎日一つ、月に一単元でよいので学習課題を子どもに出すようにしようと、提案した。

N先生が音楽の実践授業に取り組んだ。わたしが合唱指導を進めたのは、合唱の指揮は子どもと正面から対峙することであり、また子どもたちの歌声から即座に課題を捉え、対応せざるを得ない指導だからこそ、子どもとの対応力を身に付けるによい、と考えていたからだった。

しかし、それは難しいものだった。

N先生はわたしに「どう指揮するんですか」と尋ねてきた。わたしは、わたしが子どもたちの前で指揮をすれば、N先生はわたしと同じように指揮をするかもしれない。子どもとの対応が目的なのだから、自分で感じ判断して指揮することが大切と考え「わたしはやらないよ」と言った、N先生は「それは逃げじゃないですか」と言ってきた。

12月、N先生は研究授業、公開授業として国語に取り組むことになった。物語文「かさこじぞう」を題材にすることになった。わたしは、この教材を通して、N先生に文章に即した学習課題を作るように助言した。わたしはN先生がこの授業を通して、子どもと対応して授業を進めることを欲していた。また教材にしっかり取り組む経験もさせたかった。

よい授業だった。楽しい授業だった。黒板の前で楽しそうに「おじいさん」の動作を真似ながら子どもたちと笑い、授業をしているN先生の姿を「いいなあ」と横から見ながら思っていた。教室は明るい感じだった。N先生は文章の特に「おじいさんが地蔵さまにしたこと」と「地蔵様のようす」を「ことばと文章に即して」子どもと話し合っていた。

1月~2月になった。N先生は子どもたちと図工の研究授業を終えた。教材のなかから学習課題を引き出すことは覚えた、と感じた。

しかしやはり、授業のなかにおける子どもとの対応がもう少しだった。

3月、研修も終わりに近づいた。月初めの「研修の会」でわたしはN先生に次のことを示した。

学年末の仕事を無事終了すること。3月15日までに国語の詩教材の一時間の実践授業を行うこと。一年間の研修記録を書くこと。発行している「学級だより」を冊子にして先生方に配ること。

何としてもN先生に「子どもと対応しながら授業を展開する」ことを覚えて欲しかった。もう一押しだと、焦っていた。なんとか身に付けさせたいと強く思った。

3月15日の研修の会で、授業を18日（月）か21日（木）の1時間やることを提示した。無理だった。考えてみれば、初任者として学年末にやる仕事は山ほどある。相手は初任者だ。だが初任者だからこそ……。

N先生はその場で「えー無理、夏休みに言って欲しかった」と訴えた。もう学年末を迎えN先生は初任研どころではなかった。

研修も終わり、N先生から一年間の学級文集の冊子をいただいた（「4月12日から3月22日まで（19号まで）」）。

子どもの学習のようすを保護者に伝え続けた学級文集「げんきいっぱい、ともだちいっぱい」をまとめたものだった。そのなかの「N先生と子どもたちの学習の記録」がその喜びと楽しさを表す文章や写真とともに載っていた。わたしは迂闊だった。この文集をその都度しっかり見ていなかった。研修の方を大事に考えていたからだった。新任教師にとって、もっとも大切なものは「この姿」だったことを、わたしはN先生から教えられた。

第五章　実践の新たな展開
――学問的研究の視点を得る――
〈2016（平28）年～2021（令3）年〉

第一節　「授業探究の会」を行う――斎藤喜博の「授業映像」を観る――
〈2018（昭30）年～2020（令2）年〉

1　会を興すまで

・教師の仕事の場を失う

2016（平成28）年、わたしは小学校の現場を離れた。

2015（平成27）年、定年退職したとき、教師の仕事を失うことに怖れを抱いた。「これから後、何をしていけばいいのか……」教師の仕事がなくなる。とにかく教師の仕事ができるように接続型再任用になり、翌年、従来型再任用を申請し選考を受けたが、不採用になった。

退職2、3年前から授業をやらせてもらう機会が少なくなり、最後の年には少人数のT2として担任の支援にまわった。T2をやりながらも学ぶことはあったが、しかしもう授業ができなくなり、教室に居ながら「自分がここにいるのは違う」と感じた。

それでもなお授業や学校づくりに関わりたい気持ちが強く、2013年から15年までの3年間、大阪府の校長公募に応募した。管理職の経験がない一小学校教師を採用するはずはない、ということは理解していたが、大阪府の市や町がそのようなものを出している以上、受け続けた。

2016（平成28）年、「もう授業をやれる場がなくなった」と分かり、現場を離れた。

・「宮城教育大学教育実践大賞」に応募

その年の11月、自分の教師として「やってきたことを残したい」、また「自分のような教師も存在する」という証のため、「自分のやってきたことは教育実践なのだ」と示すためにも「宮城教育大学教育実践大賞」に応募した。

自分のやってきたことを公に残すことができたことで、「これで教師を終える」こととした。学生のころから今まで、いろいろお世話になった横須賀薫氏に教育実践大賞に応募した原稿の冊子を持って挨拶に行った。「お世話になりました。これで教師を終えます」と言い、氏に冊子を手渡した。氏は冊子を見て「これは授業記録だ」の一言で終わった。「実践記録、書けばいいよ」と言われ、「実践記録とは何か」を知るためにしっかりとした「実践記録を書く」ため、2017年9月から「実践記録」を書き始めた。書く条件は「主語はわたし」「したこと」「時系列」だった。

・「横須賀薫氏　お疲れ様会」

2017（平成29）年、横須賀薫氏が十文字学園女子大学を学長職として退職をした。「お疲れ様の会」をK氏とH氏が企画し、わたしも招かれた。会が終わって談笑のあと、帰り際に横須賀氏がふと「みんなも斎藤喜博のビデオでも見ればいいよ」とつぶやかれた。わたしはとっさに「それはいいなあ」と思った。わたしのなかに折立小での経験などを通して、「授業というもの」をもっと知りたい、力を付けたい、という気持ちがまだ強く残っていた。それは強かった。そのためにも「斎藤喜博」の授業の内容を勉強してみたい、と思った。もう現場を去って授業などやる場もないことは分かっていたが、その心はわたしを突き動かしていた。わたしは「斎藤喜博の授業映像」を観る会を企画した。

2　「授業映像」を検討する

2018（平成30）年4月、わたしは「授業記録（映像）を見る会」という名称で何人かの人たちに案内を配付した。

「よく分からないが、とにかく勉強したい、『授業映像』を見て検討会をしたい」という、まさに説得力のない案内だった。

つねに4～11名程度の参加人数だった。現職の教師、大学の先生、教職大学院生、元校長先生、学生等の参加者だった。

【2018（平成30）年度「授業探求の会】

5月、川嶋環氏の理科の授業の映像記録を見ることから始めた。以下取り上げた映像記録と日時と参加人数、その場での若干のコメントを記したい。

《2018（平成30）年度》

第1回　5月26日（土）13：00～16：00　宮城教育大学　参加者：10名

〈映像資料〉川嶋環：理科「空気」

1985（昭和60）年11月2日　東京都多摩区立瑞穂第三小学校　2年生

第2回：6月30日（土）同時刻・場所　参加者：9名

〈映像資料〉斎藤喜博：国語「ふるさと（室生犀星）」

1975（昭和50）年5月23日　宮城教育大学附属小学校　3年生
※宮城教育大学授業分析センター開所式　記念授業

※宮教大図書館実践資料室にて西岡陽子氏の実践（版画）「八郎」見学

第3回：7月28日（土）同時刻・場所　参加者：11名

〈映像資料〉武田常夫：国語「じんちょうげの花（峠兵太）」

1977（昭和52）年11月　宮城教育大学附属小学校　5年生

「授業映像」は、わたしが斎藤喜博またその関係が深い実践家の授業をその都度選んだ。検討のかたちとしては一度映像を通して見て、それに対する参加者各自の感想や疑問、意見をもとに検討するものだった。

記録冊子をわたしが編集して参加者にメールで送付した。当日の記録や資料、参加者からの文章などを載せた。

第4回：9月29日（土） 同時刻・場所 参加者：8名

〈映像資料〉林竹二：「人間について（ビーバー）」

1977（昭和52）年2月8日 沖縄県那覇市立久茂地小学校3年4組
撮影：グループ現代
「開国について」
1978（昭和53）年2月2日 沖縄県那覇市久茂地小学校6年2組
撮影：グループ現代

一般には「林竹二氏の授業は斎藤喜博氏らの授業と異なるものだ」と捉える見方がある。しかしわたしは林氏の授業が「授業として構造的な戦略と戦術」の上で行われている点で同じだ、と捉えている。授業の35分当たりまで子どもたちと問い返しながら共通に考える土台を作り、残りの10分で主発問を繰り出し、子どもたちに発見的認識への途を歩ませる。わたしはこの授業もひとつの「授業」だと思った。

第5回：10月27日（土）　同時刻・場所　参加者：8名
〈映像資料〉斎藤喜博：体育「開脚前まわり・後ろまわり・開脚腕立てとびこし」

1977（昭和52）年6月14日　宮城教育大学附属小学校　4年生

この回から検討の進め方が変わった。レポーターを決め、その報告をもとに話し合う形にした。

第6回：11月24日（土）　同時刻・場所　参加者：8名
〈映像資料〉斎藤喜博　音楽（合唱指導）

1975（昭和50）年～1977（昭和52）年　石川県小松市立東陵小学校 （学校公開に向けて、斎藤が東陵小の先生方に合唱を用いて指導している）

〈ちょっとした忘年会Ⅰ〉

2018（平成三〇）年12月22日4時～7時半
これまで会に参加された方々等に呼びかけ、〝ちょっとした忘年会Ⅰ〟を催した。

緊張して行っていた検討会のなかにもこのような気分を変えるものがあってもいい、と考えたからだった。もちろん参加した方々の近況報告を聞くのも楽しみだった。

冒頭、横須賀薫氏に依頼して「斎藤喜博とわたし」というテーマで、少しの時間話をしてもらった。そのとき氏は「斎藤喜博と宮城教育大学」という話を自作した年表を使って話し、斎藤喜博を呼んだのは林竹二であること、斎藤先生は教授退官後ボランティアで来てくれたこと、斎藤先生には多くの恩があることなどの話をした。

参加者（16名）の近況報告あり、横須賀和江氏の「裏木曾にあざみ亭を訪ねる」の話が加わり楽しいひとときを終えた。

第7回２０１９（平成31、令和元）年３月９日（土）同時刻・場所　参加者：５名

〈映像資料〉島小学校合宿研究会公開研究会

1年間、「授業探求の会」と称して7回の会を行ってきた。主に「斎藤喜博の授業」の映像を見ることを中心にやって来た。わたしは検討会を通して、授業についての多くの深い知見を得た。

「授業映像」を観る会　文集冊子

２０１９（平成３１）年３月９日

昭和から

平成、

そして西暦へ

2019年　授業探求の会（表紙）

※２０１９（令和元）年３月９日、これまで会に参加された方々に依頼して文集冊子を作り配付した。表題「昭和から平成、そして西暦へ（寄稿９名）」とした。

【２０１９（平成31、令和元）年度「授業探求の会」】

２０１９年５月８日付けで「授業探求の会」の名称で案内を出した。「子どもの能力を引き出す授業、教師がその

仕事に生きがいを持ち、子どもたちの思考力や表現力を引き出す授業を創り出す、そのために『「斎藤喜博の授業』を勉強したい」という趣旨を書いたものだった。

わたしはこの年から宮城教育大学教職大学院に在籍していた。この会も院生の研究の一環として行った。大学の学生に向けて広報も行った。

第8回：5月25日（土）13：00〜16：00
場所：宮城教育大学　5号館　4F　実習資料室
（以下曜日・開始時刻・場所は原則同じ）参加者：4名
〈映像資料〉斎藤喜博：国語（詩）「雲（山村暮鳥）」

1977（昭和52）年12月13日　宮城教育大学附属小学校3年生

今年度から会の進め方として、わたしが事前にレポートを作り、各自意見があるところで映像を止めながら検討することになった。

第9回　6月29日（土）
参加者：6名
〈映像記録〉斎藤喜博：国語（詩）「ふるさと（室生犀星）」

1975（昭和50）年5月23日　宮城教育大学附属小学校3年生
※宮城教育大学授業分析センター開所式　記念授業

この授業は昨年度の第2回目と同じものだった。しかし今回はわたしが「授業における構成」ということを参加者に問い掛けたかった。それで再度この映像を選んだ。わたしの問題意識によって映像を止め、その点について検討することから入った。それをきっかけに様々な内容の話し合いに展開して行った。

第10回：7月27日（土）　13：00～15：40場所：宮城教育大・図書館・教育実践資料室
参加者：7名
〈映像資料〉斎藤喜博：体育「開脚前まわり・後ろ回り、開脚腕立てとびこし」

1977（昭和52）年6月14日　宮城教育大学　教授学演習　学生対象

今回も昨年10月に取り上げた「授業映像」だった。けれどわたしの同じ授業に対する関心の観点が以前と異なっていたので、再びそれを選んだ。
この時の話し合いのなかで、横須賀氏が「斎藤先生の授業は『普通の学習活動なのだ』」と話した。その何気ない一言はわたしにとっては驚きの発見だった。確かにそう考えると「斎藤喜博氏の授業」がよく見えるようになった。

会の終了近くに横須賀氏がわたしに向かって言った。

「荻田君、ビデオを見ていろいろ気が付き斎藤さんから学んでいく、というのはいいんだが、それは40年前ならそれでいいが、いま君は大学にいるのだから『斎藤さんのそうしようとした意味』とか『なぜ斎藤さんが少数派になっているのかを明らかにする』、『(斎藤さんの授業)に対する批判を検討する』など、自分の関心とは関係なくやらなければならないのではないか。それをみんなは期待している」。ずばり胸の内を指摘されたと思った。正直この会を通して未だに「授業を分かりたい、授業の力を付けたい、そのために会を……」ということを強く意識していた。それがすでに授業をする現場もなく退職した人間にとって、非現実的な欲求と分かっていながら、そうしようとする力がわたしに働き続けていた。大学院生という立場から実践(授業)を探究する方向があることを、その「ことば」によって意識づけられた。

「加油だな!」

《学問的視点の導入》

第11回:9月28(土) 同時刻・場所　参加者:6名
〈映像資料〉斎藤喜博:体育「開脚前まわり・後ろ回り、開脚腕立てとびこし」

1977年(昭和52年)6月14日　宮城教育大学附属小学校4年生

今回は7月と同じ授業映像を見ることになった。しかしわたしのレポートの内容は全く変わ

った。わたしの提出したものは「斎藤喜博の実践」を学習指導要領における「指導方法」や「教材の系統の歴史的な変遷」の観点からの比較したレポートだった。また体育学の専門の先生とともに斎藤喜博の「授業映像」を見て、教授における斎藤喜博の指導の特質や現今の指導要領の考え方の話を受け、それらをまとめて会に提示した。

また「斎藤喜博のマット・跳び箱運動の実践（授業）」を他の実践家（中森孜郎氏、高橋元彦氏）の実践（授業映像や独自の教材配列表）と比較して報告した。斎藤の実践が行われた時期の「学習指導要領」と現今のそれとの考え方や教材配置の仕方を比べ、当時の斎藤の実践の特質を考え、現今の考え方が「斎藤の実践の考え方に近づいている」などの発見の話もした。

第12回：10月26日（土）13：00〜15：30　場所：宮城教育大・図書館・スペースラボ

参加者：8名

〈映像資料〉授業者：斎藤喜博：音楽（合唱指導）「流浪の民・河原・俵はごろごろ」

対象：宮城教育大学生　教授学演習

今回もわたしは事前の下調べ等を行ってレポートを作った。

教職大学院にはバックグラウンド科目と言って、教師の研究・実践をより展開するための専門的な学問の講座がある。そのなかで音楽、とくに合唱指導を専門とされているH先生とともに斎藤喜博の合唱指導のＤＶＤを見て、その特質などを指摘していただいた。わたしは斎藤の合唱指導の特徴の理解をさらに深めた。
※今回十文字学園女子大学の狩野浩二氏から著書「教育の方法・技術〜新しい時代の授業づくりに向けて〜（ジダイ社）」をいただいた。若い教師に向けて書かれたものだった。

第13回：11月30日（土）13：00〜16：00　場所：宮城教育大学　5号館4F　実習資料室
参加者：7名
〈映像資料〉三塚寿江（学生）介入者：斎藤喜博：国語（詩）「鰹釣り（山村暮鳥）」

日時：1977年（昭和52年）対象：宮城教育大学附属小学校3年生
授業分析センター

今回の授業映像は「介入授業の記録」だった。介入授業は「教師の授業のなかで介入者が子どもの学習の様子を見ながら、教師の発問を整理したり、学習課題を明確にしたり、展開を促したり、その授業がより教師の願ったものに創造されていくように発言したり、話したりするもの」と捉えている。

介入授業をテキストにすることによって、「斎藤喜博の授業の特質」をより理解することができると考えこの映像にした。

報告するため今回も、国語教育の専門のK先生と斎藤喜博の「授業映像」を見た。K先生の「文科省の言う『深い学び』」の観点をもとにして斎藤の授業実践を分析し、再検討を加え考えることが今日的な意味・意義などにおいて得られるものが多いのではないか」という助言は、わたしにとって貴重なものだった。

今年度は授業を少し学問的な角度をもって捉える試みができた。そのことが検討にとっても大きいことだった。

〈ちょっとした忘年会Ⅱ〉

12月、横須賀薫氏や夫人を招いて〝ちょっとした忘年会〟を昨年に続いて催した。今回も横須賀氏には「斎藤喜博が残したもの」という演題で話してもらおうと要請したが、横須賀氏は「実際に斎藤喜博の残した遺品（書物等）の調査」の具体的な話をされた。考えてみれば、「斎藤喜博が残したもの」を20分で話すように求めること自体無理なことだった……。

参加者の近況を聞くなど楽しいときを過ごした。

横須賀和江氏からは著書「気仙大工が教える木を楽しむ家づくり（築地書館）」などの話しを伺い、また著書も参加者全員がいただいた。

2020（令和2）年、前年から始まった新型コロナウイルスによるパンデミックにより、この会を延期にすることにした。

3月に今年度の「会の記録」のまとめを参加者全員に添付ファイルにしてメールで送った。横須賀薫氏の返信メールには「『探求の会』がきわめて研究的に進行し、その経緯が文書にまとめられたことは非常に意義あることと思います。こうした進行と展開は『教職大学院』の存在抜きには考えられない。『授業探求の会』の参加者にそれぞれどんな意味があったかはわかりませんが、それぞれに意味があったと思います。機会があればそれを表現しておくことにも意味があると思います」とあった。

2020年　授業探求の会（表紙）

第二節　宮城教育大学教職大学院に入学する
――教育研究科高度教職実践専攻――
〈２０１９（令元）年～２０２１（令3）年〉

1　教職大学院に学ぶ

わたしは２０１９（平成31・令和元）年4月、宮城教育大学教職大学院に入学した。

２０１８年10月、「授業探求の会」のなかで「教職大学院」の話が出た。会の検討後の雑談のなかで、急に横須賀氏が何かを思い付いたかのように「オギタ君、教職大学院に入れよ」と言った。わたしはその場では何も返事をしなかったが、内心「面白そうだ！」と直感した。自分に対する何らかの展開を感じた。応募することにした。

・「退職した教師」にとって

わたしは教職大学院の授業を受けて、いままでの自分のやって来た実践の意味や背景を「学問的な視点」から知ることができた。また自分が学校にいて「実践がやりにくく感じるようになった」時期（1996（平成8）年頃からそう感じるようになった）の教育界の状況や子どもの不登校やいじめ、怠学の問題の背景や要因を学ぶことができた。

「学校における授業研究が現場で力を持たなくなった」歴史的な背景なども知ることができた。

「そうだったのか。そういう理由や事情があったのか、それでそうなっていたのか、何も深く思い悩み、苦しむこともなかった」と感慨を持つこともあった。

また自分と異なる領域で実践に取り組む人やその取り組みが在ることを学び、「教育実践」というもの拡がりと豊かさも知ることもできた。

2020年、2年次に受けた授業「子どもの生活と行動：実態分析論」のなかで知った村上由則教授の教育実践――超重症の病気を持った子どもたちのその意志や想いなどを表出させるために様々な機材（パソコン等）を自ら制作し、その子どもたちの表現を実現させた（超重症児の理解と教育）。――は深い感銘を受けた。

それらを知り学べただけでも教職大学院に入ってよかった、と思った。

・「教育実践」の多様な可能性を知る

教職大学院のカリキュラムは、「実践力のある教師の養成」を目指していた。

教職大学院に入学すると「教育経営コース」と「授業力向上コース」の二つの履修コースに分けられる。授業科目は共通5領域科目「教育課程」「教科指導」「教育相談」「学級・学校経営」「学校教育・教職研究」、それに「実践的指導」と「学校等における実践研究」からなる。

わたしは共通5領域科目を「教師の仕事を支える学問」、「教科・領域専門バックグラウンド科目群」を「主体的な教師の仕事に必要な学問・知識」と捉えた。

授業や演習を受けてわたしは「教育経営コース」も「授業力向上コース」もどちらも学校現場を改善していくための教育実践の場であり、その試み方を身に付け、実践力の基礎を養っているものだと知るようになった。

わたしは今まで「教育実践の本道」を「授業づくり」と「学校づくり」の視点からのみ捉えていた。しかし学修を通して実践活動には多様な取り組みと可能性があることを教職大学院の教育課程から学んだ。

・「ユニット会」

入学した院生は3つのユニット（教職経営班。学習開発班。教育相談班）のどれかに所属することになる。各自の研究・実践の目的や先生方の判断などにより所属が決まった。ユニットごとに数名の先生方でチームを組み、院生はそのなかの一人の先生の直接の指導を受ける。もちろんどの先生からも指導を受けることはできる。

わたしの所属はどの班になるか、最後まで決まらなかった。わたしは所属を決める説明会のとき志望を聞かれ、「授業の探求とそれを核とした学校づくり、そしてその過程から導き出したことをもとに教師教育を研究したい」と述べた。学習開発班の先生は、「学級・学年経営、学校マネジメント」を勧められた。

「マネジメント」の説明会では、「学校・学級づくり等」の話が主で「授業」のことを実践的研究することはできないな、と感じた。「こちらでもない」、と思った。わたしはまったく宮教大の4年生のときと同じような所属先がない感覚を味わっていた。結局「教職経営班」の本図愛実教授に指導を受けることとなった。

「ユニット会」は研究に非常に有益な場だった。そこでは院生がリサーチペーパーの作成過程の内容を提示する。それについて何人かの指導教官と院生が意見を出し合い検討する。わたしも自分の提案に対して思わぬ角度からの院生の指摘や教官の助言をもらい、次への展望が開けた経験を持った。またわたしも現場から来た院生に研究に対して考えたことを率直に述べた。

・実践を行い、現場からも学ぶ

「学校等における実践研究」は自分の実践を試す場（附属小学校や実践協力校）だった。特に応用実習Ⅲはそこまでの自分の研究をもとにした実践の場であり、附属小学校（わたしの場合、実践対象校が附属小学校であり、他の院生は現職の人は自校でその他の院生は協力校等）

への貢献とそこからの学びの場でもあった。

また実習は他の学校や実践に取り組む教師たちから学ぶ場（研究指定校や連携協力校の研究体制や内容を実習したり、熟練教師の師範授業を参観したり、仙台市の教育課題研究発表会に参加した）でもあった。

わたしは現在の教育実践の状況を知り、若い教師の果敢な取り組みを学んだ。教育の仕方や授業が形は変わっても（ＩＴ機器の利用等）子どもを「良くしよう」、「能力を引き出そう」という考えは続いていることを確認した。

・院生たちとの交流

わたしにとって大学の先生方からの刺激は当然としても、院生の存在も大きなものだった。院生には現場から派遣されて来ている人たちがいる。宮城県や仙台市の学校（小・中・高・特別支援学校）から年齢も勤務先も異なる現役の先生方が集まる。彼らは自分自身の実践と課題を持っていた。そしてこの教職大学院の学修を通して、より実践者としての姿勢や自分の課題を明確にしっかりしたものにしていた。また大学（宮教大以外からも）から来る若い院生たちもいる。彼らにはそれぞれの多様な考えや新しい発想や実践の目的やねらい、またその実践の事実があった。

わたしは彼らと講義のなかで話し合ったり、ともに模擬授業をしたり、小さな研究会を開いたり、コロナ禍の前には飲み会をして談笑したりもした。

・秋田大学教職大学院との交流

教職大学院どうしの交流もあった。わたしは秋田大学に教職大学の訪問団の一員として同期二人と訪れた。秋田の教育の特色の話を聞き、提供授業を参観させてもらった。果敢な取り組みの授業だった。わたしの同僚の院生二人も各自持ち味を発揮した授業を行った。秋田大学もまた宮教大を研修の一環として訪問した。

2 学修の中心、「リサーチペーパー」を作る

「リサーチペーパーの作成」とその発表がわたしたち院生の教職大学院でのメインの学修だった。

「リサーチペーパー」の項目は「主題」、「キーワード」、「研究の目的・ねらい（背景・方法）」、「研究の経過・結果」、「研究の成果の学校教育における位置・意義・応用性・期待」、「引用・参考文献」で構成されている。

一年次の初めにユニット長の本図愛実先生（教授）とリサーペーパーの研究主題について話し合った。

当初「斎藤喜博または斎藤喜博の授業」そのものの研究を考えていた。そのことを本図先生に話した。ところが先生はそのことを取り上げず、別な視点を提示した。

親の立場としても子どもの学習を見るに、みんなが関心を持っていることは「子どもが授業

に集中しているかどうだ」と言った。「集中」を研究課題にすることを勧められた。わたしは「斎藤喜博の授業の構造や原則などが知りたいのだし、その全体像も探りたい」と考えていたので、すぐにはその提案を受け入れなかった。しかし教職大学院に入ったのだし、現代の課題に取り組むことは大切なことかもしれない、「『斎藤喜博の実践』が現在の教育課題の解決とつながるか?」を確かめることも大切なことだと考えるようになった。

わたしは主題に「集中」を取り上げることにした。そして話の進み行きで「子どもが学習に集中しているときは、子どもが主体的に学習に向かっているときでもある。それならば子どもの主体的な学習をつくりだす授業」を探究することが「子どもの学習における集中という課題にもつながっているはず」と捉えるようになった。そこで研究主題を「子どもの主体的な学習をつくりだす授業の探究~斎藤喜博の実践の研究を通して~」とした。何より斎藤喜博の実践には「子どもの主体的な学習の多くの事実がある」と考えられるからだった。

【令和元年度一年次リサーチペーパー中間案発表2019年9月20日(学内)】

わたしはキーワードを「集中、思考と表現、すべての子ども、一斉授業」として、斎藤の実践(授業)記録(文字、映像、写真等)から「子どもの主体的な学習」をつくりだす授業の要素を抽出していった。

「子どもの主体的な学習の事実」が斎藤の実践(授業)を検討することによって、教師の

「教材解釈や学習課題の提示、授業の展開、発問」などで生み出されることがわかった。

【令和元年度一年次リサーチペーパー成果案発表2020年3月6日（学内）】

その後もわたしは「斎藤喜博の授業」の分析をした。わたしはその分析のなかで「子どもが主体的に集中して学習している状態」をつかむ観点を得ることができた。「子どもの姿」、「子どもの思考過程」、「子どもの心理」、「教師の技術」の四つの点だった。それらの観点を通して、「子どもの主体的な学習がどのようなときに生みだされているか」をまとめた。また中間発表時の知見をもとに「子どもの主体的な学習」を創り出す試みとして、以下の二つの実践授業を行い、その成果と考察を発表した。

〈実践授業〉

授業写真（体育）

A）ひとつは「学習課題の提示、発問、指示、子どもの表現」を課題とした体育の実践だった。

日時：2019年10月18日対象：仙台市立四郎丸小学校（4年生3クラス）
教科：体育（マット・跳び箱運動）「開脚前まわり・開脚腕立てとびこし」

若い女性の教師がわたしの授業のやり方を見て、「そのような授業は初めて見た」と言った。わたしの授業のやり方（全員にまず一人ひとり試みさせ、その上で発問、指示を与え、一人の運動をみんなで見て、一人ずつ発表のように「前まわり」に取り組ませる）――が今の授業の形態（技に対して個の能力や進度に応じて多くの場で同時に行う）と異なってたからだろう、と考えた。だからその違いに驚いたのだろう。

B）もう一つは２０２０年１月に国語で取り組んだ。わたしはこの授業における課題を「子どもの発言の整理、対比と教材解釈の多様性」とした。

日時：２０２０年１月14日対象：仙台市立川平小学校（５年生２クラス）
教科：国語（俳句）「五月雨をあつめて早し最上川（芭蕉）」

またこの授業に取り組みにあたりもう一つの目的があった。それは教師の実践における専門家（専門的な知識）とのつながり方の一つを明らかにしたい、ということだった。教師の主体的な授業づくりにおいて専門家（専門的な知識）をどう活用するか、どのようなつながり方があるのか、この問題は現職のときからの考えてきた課題だった。

地域連携の担当のとき、「出前授業」という企画をやった。専門家の方々に授業をしてもらう企画だ。子どもたちが普段得られない高度な知識や体験を学ぶ機会だった。教師のそのときの役割は、目の前の子どもたちにとって今どのような学習体験が必要であり、どのような専門家を呼ぶか考えて招くことだった。それも教師と専門家のつながりのひとつ、だとは言える。

教職大学院の実習で附属中学校の公開研究会を参観した。その授業は大学の先生（専門家）と中学校の先生の連携の上で行われたものだった。生徒は高度な測定技術を習得し、授業の課題を通して深い科学的な知識を得ていた。わたしは授業で扱われている深い科学的な知識に感心した。しかしわたしは生徒の思考活動にもの足りなさを感じた。それは生徒の思考活動に密度のある追求が足りないことだった。それを生み出す教師の発問群がもっとあればより展開しただろう、という感想を持った。このとき授業における教師と専門家との関係はどうであったのだろう?

斎藤喜博が教師の教材解釈の仕方として、「そのものの一般的な解釈」、「教師としての解釈」、「専門家の解釈」を挙げ、それらをもとに授業をする、という文章を読んだことがあった。今回の授業で、その意味も知ろうということもねらいだった。

授業は楽しいものだった。「作者は川をどこから見ているのか? そのときの川の様子は?」。それに対して子どもたちは本当に様々な視点から発言をしてくれた。

以前のわたしなら、それらの意見に対応し切れなかった。思いがけない子どもの意見にあたふたしたこともあった。しかし今回は余裕があった。それはわたしがそれら川の流れに対して多様な解釈を勉強していたからだと思う。子どもの発言をもとに授業の展開についても余裕を持ってできた。

わたしはこのことのなかで専門家とのつながりに一つの発見をした。

俳句の解釈のなかで「芭蕉がいつ、どこでこの最上川の流れを見たのか」、それによって川の流れの様子に対して様々な想像が成り立つ。わたしは「奥の細道」について書いた専門的な本を何冊か読んだ。そのなかには学者や作家の深く詳細な解釈が何通りも記されていた。それはわたしが考えた幾つかの解釈を上回る詳細なものだった。わたしはその知識を得ることによって句に対する解釈を広く豊かに持つことができた。それによって子どもたちの多様な発言に対応でき、また他の解釈を紹介することで子どもたちの思考を刺激することもできた。またわたし自身、授業展開に余裕を持つこともできた。「専門」とのつながり方の一つを得た。

【令和2年度2年次リサーチペーパー中間発表　2020年9月25日（学内）】

２０２０年度、2年次になった。わたしは「子どもの主体的な学習をつくり出す授業」は「教師のスキル（技量）」だということを、「斎藤喜博の言説の分析」から明らかにする研究に取り組んだ。

「子どもが主体的な学習」をしている4観点（「子どもの姿」、「子どもの思考過程」、「子どもの心理」、「教師の技量《技術・技能》」）における内容を細目に整理し説明した。そして「子どもの主体的な学習をつくり出す」のは「教師の技量」に負うところが大きい、ということを明らかにした。さらにその「教師の技量」を形成するものとして、そのときの社会や文化、制度などがあることも提示した。

2年次最終報告会へのリサーチペーパー作成に入った。

わたしは主題の探究を斎藤喜博の実践（授業）やその言説の分析、またわたしの実践（授業）を通して行ってきた。そこに「斎藤喜博に関する研究」の多くの文献を読む「文献研究」

を加えた。また大学院での専門的な授業からも学んだ。それによって斎藤の実践をより広く様々な視点から理解することができ、そしてそれは、研究主題「子どもの主体的な学習をつくり出す授業の探究」にもつながっていった。それらを入れたことは、「主題探究」に深さと広さを与えた。

例えば、「子どもが主体的な学習」を行うためには、「同じ学習の場で共同に学習に取り組む子どもの存在が必要であり、それが土台としてある」ことを幼児教育学の授業から学んだ。幼稚園でも子どもたちが一緒に、その学習の方に向いていると互いに安心して信頼感を持って学習に取り組む、という。

また、「子どもが主体的な学習」をするためにはその土台として、個の思考や表現の自由や多様な考えを持つ平等な他者の存在が必要であり、そのことは「公教育の持つ意義」にも通じる。このことも文献研究の過程で考え分かったことである。

そして「子どもの主体的な学習」を創り出すのが「教師のスキル」なら、そのスキルを形成している思想的背景が「自由主義、民主主義、平等主義」という憲法との理念につながっていることも理解することができた。

さらに教師と子どもの学習の関係で「教師の学習過程の上に子どもの学習が創られる」とする宮崎清孝（『子どもの学び教師の学び――斎藤喜博とヴィコツキー派教育学』一莖書房２００９年）の指摘なども「主題」を考える上で参考になった。

これらの知見を持って、２年次最終成果発表に向けたリサーチペーパーを作成した。

【令和２年度２年次リサーチペーパー成果発表会　２０２１年２月５日（リモート発表）】

研究の結果として、「子どもの主体的な学習」を捉える４つの観点をそれぞれの内容とその説明を表にして示した。そしてそれが「教師のスキル」によって生み出され、その「スキル」の背景にその時代の「社会・文化・制度」があることを示した。また「教師のスキルの内容（技量）」と４観点を結び付けて図示した。その例として斎藤喜博における「教師のスキル」を示した。考察を「主体的な学習」と「授業」・「教師のスキル」に分けて記した。課題として「実践」と「研究」の項目を作って書いた。

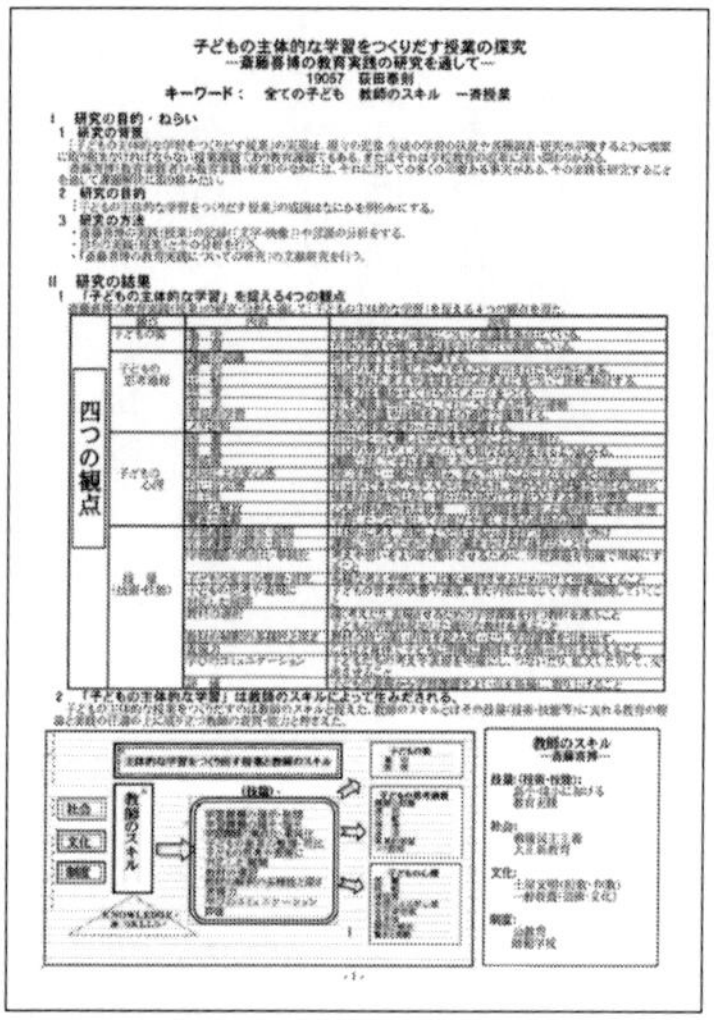
子どもの主体的な学習をつくりだす授業の探究
―斎藤喜博の教育実践の研究を通して―
19057　荻田泰則
キーワード：　全ての子ども　教師のスキル　一斉授業

Ⅰ　研究の目的・ねらい
1　研究の背景
2　研究の目的
3　研究の方法

Ⅱ　研究の結果
1　「子どもの主体的な学習」を捉える4つの観点

四つの観点

2　「子どもの主体的な学習」は教師のスキルによって生み出される。

教師のスキル

社会
文化
制度

-1-

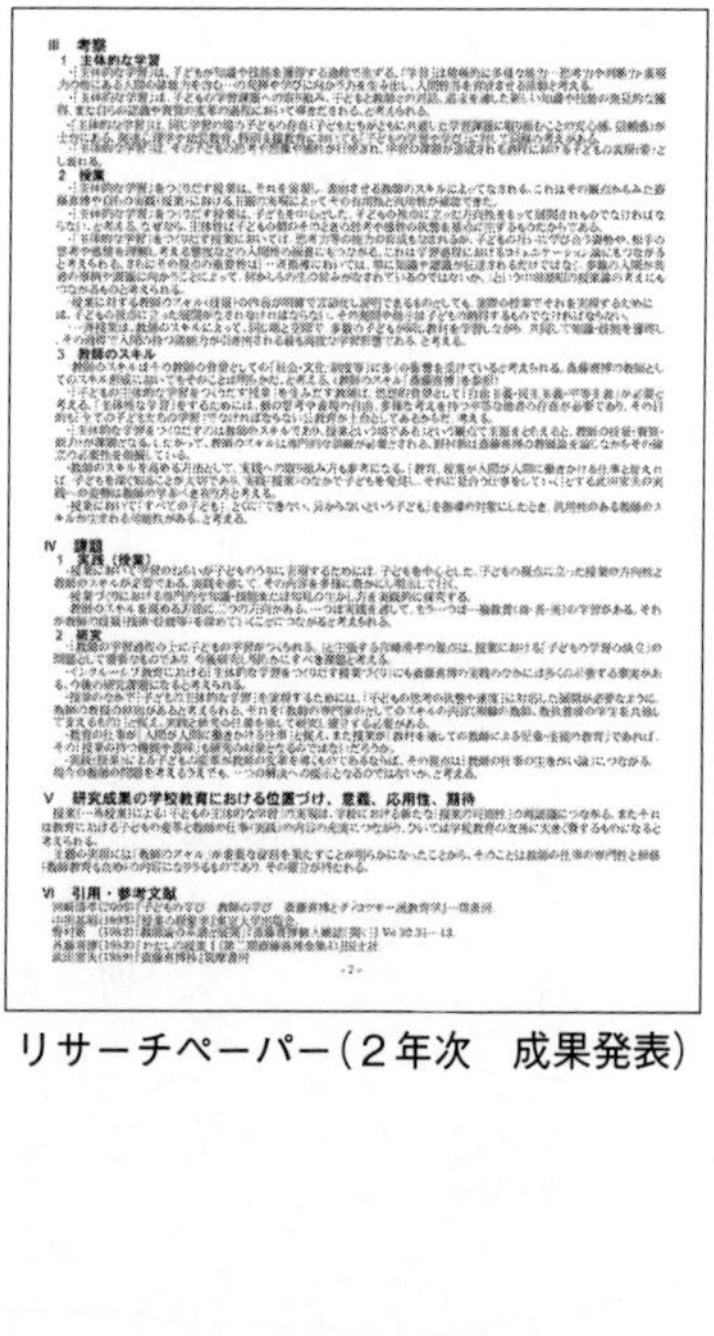
Ⅲ　考察
1　主体的な学習
2　授業
3　教師のスキル

Ⅳ　課題
1　実践（授業）
2　研究

Ⅴ　研究成果の学校教育における位置づけ、意義、応用性、期待

Ⅵ　引用・参考文献

-2-

リサーチペーパー（２年次　成果発表）

【リモート発表】

今回の成果発表は対面ではなくリモート発表だった。

成果発表用の「リサーチペーパー」とこれまでの研究をまとめた「ポスター」を作成した。新型コロナの感染防止の観点から企画された発表であったが、130名の方々が参加し70名近くの人がわたしの発表を視聴した。そのなかで、わたしはポスターにある「跳び込み前まわり」の写真のなかの子どもの姿が「主体的学習に取り組んでいる」こと、そしてそれは「教師が生み出していること」を強調して述べた。二名の大学院の先生の貴重な質問も受けた。

発表の内容はどのように受け取られたかは分からない。リモートだと相手の顔が見えないし全体の反響も分からない。やはり対面で発表をしたかった。感想を聞くことはできなかったが、現今の「授業の再検討」のなかにひとつの提案として「公に発表したこと」はわたしにとって大きなことだった、と考えている。

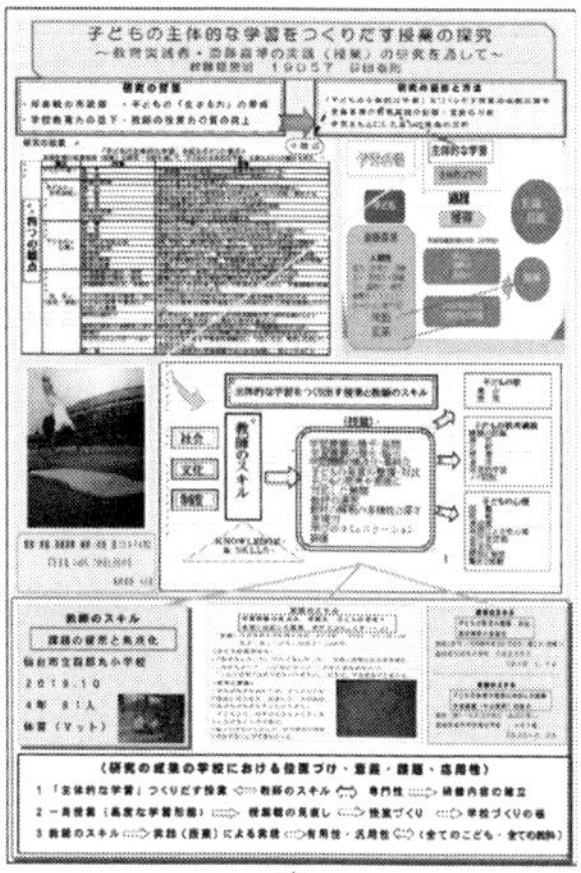

ポスター
（2年次　成果発表）

【令和2年度2年次成果発表用ポスター】

※ポスターのなかのコット運動の姿は『写真集：いのち、この美しきもの』（監修：斎藤喜博／撮影：川島浩1974年　筑摩書房）から引用した。

【令和2年度2年次教材ミュージアム】

※修了に当たって、教職大学院では「リサーチペ

ーパー」と修学過程で作成したものや資料などを公に残し、院生相互に役立てるものとして「教材ミュージアム」二つの作成がある。

わたしは「表現について」という題で文章を載せた。応用実践研究Ⅲとして取り組んだ附属小学校で実践（図工：描画「帽子の絵」）も掲載された。

２０２１年３月31日、学位（修士）授与式があった。宮城教育大学教職大学院での学修を終えた。

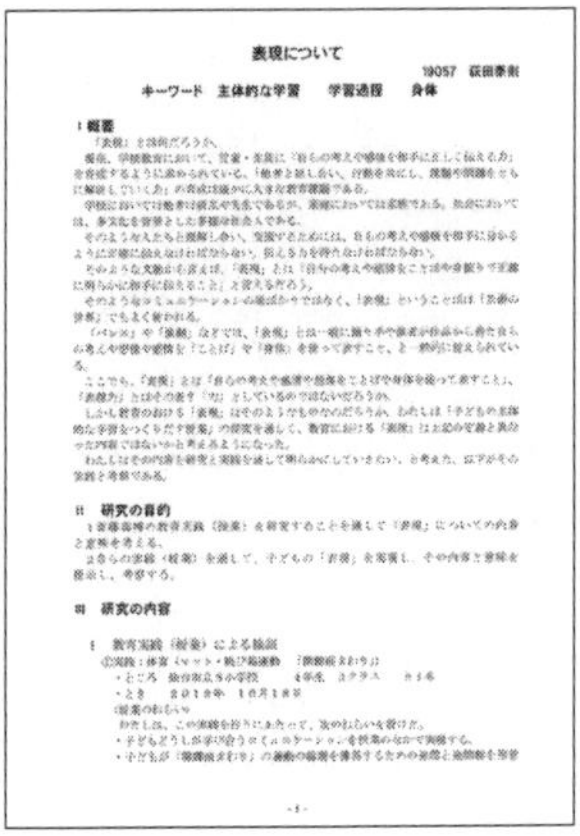
表現について
19057
キーワード　主体的な学習　学習過程　身体
I 概要
II 研究の目的
III 研究の内容

教材ミュージアム

3 「斎藤喜博とは何者なのか」を追う必要がある

（1） 教授学の視点

２０２０年10月19日から30日まで「応用実践研究Ⅲ」として附属小学校で実習をした。２年次として最後の実習だった。

わたしはそこで研究授業をした。教材は国語（詩）「ミミコの独立」（山之口貘）だった。それまで2年間、研究を通して「授業」についての見方などを拡げることができた。だから実習の授業においてもその上に立って課題を考え取り組んだ。

・教材は目の前の子どもの学習状況や課題にふさわしいものか。
・最も子どもたちに考えさせたい学習課題（中心発問）は決めたか。

・子どもたちの多様な意見を引き出し、対応するために多様な解釈を用意したか。
・考えさせる発問群を構成できたか。
・授業は子どもの学習の状態に対応して展開すること。

参観には実習担当の先生や主幹教諭、教務主任の先生、横須賀薫氏やユニット長の本図愛実先生等が参加された。

授業が始まり、わたしは用意してきた第一の発問を提示した。ゆっくり子どもたちに語りかけるように話をした。余裕を持って授業に臨んでいた。

ところが、最初の子どもから出た発言が、わたしのまったく予期していない解釈の発言だった。いや、わたしはその考えを一度は検討したが、その考えは子どもから出るはずはないと判断し、その発問に対応する準備はしなかった。

一瞬、頭のなかが真っ白になった。その発言をどう処理するか。少しその子の意見を聞きながら、どう展開するか思いを巡らしていた。すると一人の男の子がその子の意見に触発されたのか、蕩々とその問いに対する自分の解釈からのイメージを話し始めた。わたしはその子の発言を止めなかった。その子の意見の本意は何かを知るためだった。その子はしゃべり続けた。参観している先生方も「ここをどう処理するつもりだ」と思っていることを感じていた。どう授業を立て直そうかと焦っていた。授業の展開はそこで停止した。

最初の子どもの発言の問題を処理できず――子どもたちはその場のやり取りを納得しないいま

まの状態で――わたしは授業を進めた。そのあと何とか立て直そうと、用意した発問や説明で子どもたちを引っ張り、その都度何らかの話し合いを作れたが、発問同士の論理的な展開もなく――何とか自分の中心発問まで辿り着いたが――子どもたちとは最後までかみ合わず授業は終わった。

授業後の感想文からも、わたしの求めていた子どもとの深い学習についてなどではなく、「知らない言葉の意味を知れて楽しかった」のようなものだった。わたしの授業は子どもの心に届いていなかった。

授業後、参観していた方から慰労と励ましのメールをもらった。

「ご苦労様でした。何歳になっても授業は難しいものです。それが分かることが大切です。実際のあなたの授業の不十分なところは、あなた自身が分かっていることが、あなたの書いた文章で分かりますので、私からは何もありません。どうぞ再挑戦してみてください」

わたしは一人の教師として獲得し、実現したいのはこの「不十分」というもの内容だった。「不十分」だと、学習活動が子どものなかに確立されないし、学習内容も子どもに獲得されない。教師の願いや思いがいくらあっても内容が伝わらなければ、子どものなかに確立しなければ意味はない。授業は子どもに内容が伝わって初めて成立する。そのためには教師の力（技量、スキル）の問題やそれが成立するための授業における原則があるのではないか。そしてそれは教師としてのわたし個人だけの問題ではないはずだ、と思った。

わたしにとって授業で「不十分」だった領域、子どもに学習を成り立たせ、さらに子どもの能力まで引き出す「授業」というものに、正面から取り組んだのが「斎藤喜博」だ、とこれまでの自身の研究や実践から導き出していた。だから「追う必要」がある。

(2)「教師の可能性」の視点

なぜ、わたしは今でも授業をしたい、もっと授業が上手くなりたいと願い、授業をすることにこだわり続けてきたのだろうか。

授業の「探求」、また「探究」が面白いということはある。しかしわたしが授業にこだわり続けてきたのには他に何か理由があるはずだ、と思っていた。

わたしは目の前の子どもと実践(授業)をする過程で様々な能力を引き出されて来た、と感じている。その能力を身に付けていく嬉しさがあった。

例えば「国語の実践」では、言葉に対する読む力、想像する能力、言葉や文学についての教養などを身に付けることができた。

授業においては子どもを見る力、対話する力、朗読表現、身振りや話しことばで表現する力など、「質」の程度はあるが少しは自分の持っていた能力が引き出された、と思う。

「体育の実践」では子どもの動きに対応して動く力、教材から運動の論理を解釈する力、子どもの運動を見る力、運動競技に対する教養なども身に付いた。

「音楽」では教材である曲をよく聴き解釈する力、指揮をしながら子どもの声を聴く力、それをもとに発問や指示をとっさに繰り出す力、指示を出すための体の表現力などの様々な能力が少しは引き出された。

「図工の実践」でも、子どもの表す「線や色」から子どもの個性や能力を見い出すことができるようになった。またその描いている絵から子どもたちの学習状況を理解する力も少しは付いたと感じている。絵画や彫刻に対する教養も少しは養うこともできた。

「理科・社会」でもそれらの内容に対する好奇心と追求力が少しは保持された。

そのことがわたしを教師としてここまで進めてきた「ダイナモ」だった。それは教師としてのわたしの「仕事の生きがい」だった。

「教師の仕事」のなかの実践（授業）にそのような内容があることを示し、追求し実証したのが「斎藤喜博」ではないかと考えた。だから「教師の仕事の生きがい」の一つの在り方を求めるためにも「斎藤喜博」を追う必要がある。

(3)「学問的視点」を持って

わたしは教職大学院で「斎藤喜博研究」の文献を読み始めた。また教職、専門分野の学びから、斎藤喜博に関する多くの知見を得た。

今、分かったと思っていることは、「斎藤喜博の実践」は他の学問の内容とつながりがあり、またその学問的な視点から研究されるものだ、ということだった。

またその実践は他の文化活動である、芸術など深いつながりがある、ということだった。

それらの研究の蓄積の上に「斎藤喜博の全体像」を広く深くつかまえたい、と思うようになった。その「独自性」、「存在理由」、「教育としての可能性」を知りたいと思う。その本質に基づいた理解ができれば、より多様で豊かな授業の世界に巡り合えるような予感がする。

だから「斎藤喜博を追う必要がある」。

巻末に添えて

横須賀 薫

荻田、ふだんの通りここでも敬称略のオギタと呼ぶことにするが、ずいぶん長い付き合いになった。大学1年生のときからずっと途切れることが無かったから、もう50年近くになる。本気で小学校教師をやり、その記録を本にしようというのだから、何はともあれ、慶賀すべきこと、頼みに応じて巻末に駄文を寄せることにした。

私の手元に、宮城教育大学（以下、宮教大）が創立30年記念式典の開催に合わせて刊行した『宮城教育大学 三十年の軌跡』（1995年10月刊）があるが、その14頁に、この本の著者荻田泰則の写真が載っている。キャプションは「斎藤喜博の指揮指導の光景（於授業分析センター1975年秋）※後方で見守っているのが斎藤喜博。」とある。（ちなみに斎藤と少し離れて立っているのが横須賀助教授、ピアノに向かって伴奏しているのが澁谷伝教授なのだが、それは省略されている）その指揮をしているのが荻田である。堂々とした指揮の姿であるが、このとき荻田は1年生、記憶をたどれば喜博さんが学生たちに合唱指揮の仕方・やり方を指導していて、誰か実際にやってみませんかと誘ったのに、上級生は誰もが尻込みするのを荻田が自分から手を挙げたのだった。結果がどうだったかもちろん覚えていないが、喜博さん流に褒めたのではなかったかと思う。この写真を撮ったのは喜博さんの活動をずっと撮ってきた川島浩さんで、後に私が進呈されたもので、記念誌編集部の求めに応じて提出したものが採用されたのだった。付け加えておくと、この写真はその後の40年記念誌、50年記念誌にもそのまま掲載されている。

荻田自身にも忘れ難い体験だったはずで、本書にもその写真とともに当時のことが記述されている。

斎藤喜博は１９７１年以来宮教大の非常勤講師に就任し、年に一回学生に講義と実地指導を担当してきたが、１９７４年に専任教授となり、教授学講義と教授学演習を担当することになった。専任の身分は翌年で終了したが、その後も横須賀助教授名義の教授学演習（通称教授学ゼミ）に力を入れて学生指導に当たってくれたのだった。

こうした講義やゼミは公式には学部の3年生、4年生用に開講されたものだったが、かなりの数の1、2年生も参加していて、荻田もその一人だった。この指導は、78年3月まで続き荻田もずっと講義、演習の機会に参加していたはずだ。いわば宮教大での斎藤喜博指導の一期生ということになる。

当時の、おそらく現在もそうだと思うが、宮教大の小学校教員養成の体制では3年次からは各専攻に分かれる。そこで指導教員が就き、開講されているいずれかの演習（ゼミ）を選択し、そこで卒業研究演習を履修して卒業する。国語科や社会科ではあらかじめ卒業論文を提出することが謳われていた。演習履修の場合でも、その演習の中で卒業論文に当たるものを執筆する場合もあり、演習とか実験実習のかたちをとるものもあり、その選択は担当の指導教員に任されていた。私の場合は、できるだけ何らかの形の論文をまとめるようにさせていたが、必ず年間を通してゼミのかたちも採った。そして4年生の終わりに、ゼミ学習のまとめとして何らかの論文を提出させることにしていた。それは普通に言う卒論だった時期もあれば、教材づくりとその指導記録だったときもあった。荻田がゼミに加わって来たときは後者のようなゼミの時期だった。

横須賀ゼミのもう一つの特徴は必ず合宿ゼミを開催し、全員必ず2泊3日の日程に参加することであった。夏休みの終わり頃と3月の初め頃の2回開催が通例だったが、私の都合で年一回だったときもあった。それで通常の期間のゼミは毎週1回開催する時期とゼミは休講して合宿ゼミに集中する時期とがあった。

ゼミは4年生と3年生とで構成されるが、基本的には4年生主体に運営し、3年生は補助的位置を与え、来年度の準備をするのであった。合宿はたいていの場合は自炊でやったので、3年生がしっかり働く役割を担った。

通常の大学の教室や研究室でやるゼミでは、学生たちはなかなかほぐれることがなく、学生と指導教員の私との関係、学生同士の関係も本音で話し合う関係になれない。しかし、2泊3日であれ、寝食を共にするとそれからは本音でつきあえるようになる。それがゼミの主な目的だった。私にとっては学生一人ひとりについて「このバカ者に」と云っても大丈夫かどうかの見極めをつけるのにはこの合宿ゼミが絶対必要だったのだ。また、学生側からすれば指導教員に冗談を云ったり、からかっても大丈夫かどうかを見極める機会になるはずだと思っていた。また、食事の準備をするときの学生から、その生育環境の一端がみえることも重要だった。率先して食事の準備に当たる学生、その周りをうろうろしているだけで手が出ない学生、まったく近寄ろうとしない学生、など男女共に各家庭でどう育ってきたか、私は想像しながら眺めているのだった。私が手伝うことはなかった。

荻田は真面目で熱心なゼミ生の一人だったことは間違いないが、本音で自分をさらけ出すというタイプではなかった。むしろどちらかというと無口、寡黙の部類だった。しかし、教職への強い意識と願望は手に取るように伝わってきた。私は教職志望者とそうでないものとをできるだけ分け隔てなく付きあうようにしていたので、荻田が卒業研究演習で「恐竜」を題材に教材づくりと実地授業とを取り上げたときにはずいぶん注文し、やり直しを命じた記憶がある。

小学校教師を目指すという点では誰からのひけも取らない熱心さだったが、いささか硬い感じがずっとつきまとい、何を考えているのか、こちらからはよくみえないタイプだった。

荻田は小学校教員の採用試験は難なく突破し、卒業と同時に小学校教員となった。そして私が主催する実践検討会の一員に加わった。

私は継続的に小学校教員中心の実践検討会を主宰してきたが、それはゼミ生に限らない、さらに宮城県と限定しない教師たちが集まる会だった。ごく初期の宮城作文の会に始まり、その後は授業検討会となり、口頭による報告やビデオを使っての報告があった。一番多かったのは、合唱テープ、学級の絵画、体育実技のテープなどが持ち寄られるのだった。それはあくまでも教員主体の研究会だったが、熱心な学生も参加していた。荻田もその一人だった。そして教師になってからもそのまま実践検討会に参加するようになった。そして学級の子どもたちの絵を持ってきたり、体育実技のテープを提出したりしたことがあったのではなかったか、しかしそれをきちんと説明したり、論じたりすることはそれほどなかった、というのが私の記憶である。そういう機会には必ず顔を出す熱心な教師だったが、自分をさらけ出すというより、じっと内部にため込んでいるというタイプだった。私はそれも各人の生き方、行き方だと思い、注文をつけたりはしなかった。

実践検討会は、ある意味で教師としての迷いや悩みをはき出したり、相談したりする機会でもあるが、荻田が悩みを打ち明けたり、相談したりすることはほとんどなかった。だからと云って自信満々だったわけではない。自信喪失というのでもなかった。熱心な教師であり、一筋に何かを追い求めつつ、達することもないまま、本気で教師の仕事を続けている、私にはそんな風にみえ、心配して助言するという気持ちにもならなかったが、まかせて安心とも思えず、気になりつつ見守ってきた、というのが荻田への対応だった。

私たち夫婦は荻田の頼まれ仲人をしたことがある。相手の女性は、大学のゼミから一緒で、卒業してからの実践検討会の常連の一人でもあった。私は荻田から結婚するから仲人役をしてくれと云われるまで、二人がそういう関係だとは気づかなかった。しかし驚くわけでもなく、まあそうだろうと思っただけで、喜んでその役を引き受けた。

結婚式の場で挨拶に何をしゃべったか、思い出さないが、この二人の関係は「破《わ》れ鍋《なべ》に綴《と》じ蓋《ぶた》だ」と云って蘊蓄を語って見せたことだけはよく覚えている。もちろん褒めたつもりだが、だいたい何を云っても皮肉にとられがちの私の話だからどう受け取られたかはわからない。

荻田は真面目で、教師の仕事に一生懸命なのは間違いなかったが、自分でそのつもりになっているばかりで、周りからどう見えるか、自分で自分の位置がわかっていないことが心配だった。一方、彼女のほうはゆったりし、周りがよく見えている人間だ、それは破れ鍋オギタに綴じ蓋の役を果たしてくれるに違いない、と褒めたつもりだった。

今になって気になって『成語林』に当たってみた。そうすると、「夫婦はつり合うものどうしの結びつきがよいということ。また、だれにでも似合いの相手がいるというたとえ。」とした上で、注意という項目を付け加えて「へりくだって自分や自分の肉親について使うことがあるが、他人に対しては使えない。」とあるではないか。御免、ごめん。でもあれから40年、子どもたちも無事に成長し、それぞれ社会人としてしっかり自立していると聞く。こんな祝辞も正鵠を得ていたことを認めてもらうことにしたい。

荻田は仙台市内の小学校で定年を迎え、退職した。あまりくわしく知らないが、宮城県の教育界で、ある時期から60歳定年退職後は再雇用の制度ができて、3年なり、5年なり教職を続けることがあると聞く。しかし、荻田はそれに報いてもらうことはできなかったようだ。教員として高い評価はえられなかったに違いない。それも仕方がないような気もした。

「教職大学院に入学しないか」と誘ったというか、唆したのはもちろん私である。私は教職大学院の制度が誕生するに際してそれなりに役目を果たし、思い入れがある。最近、同時期に制度化された教員免許の更新制と合わせて教職大学院も不人気だと耳にするたびに心を痛めている。教員が勉強嫌いでは子どもたちが勉強好きになるわけがないではないか、と毒づいている。

ふと無職になった荻田の行く末として教職大学院入学は好機会ではないか、と思い当たった。それが糸口になって教職の世界を全うした後の学びの機会に教職大学院が生かされるようになることはすばらしいことだと思ったのだった。あいかわらず夢想家だと笑われることは承知の上だ。

教師としての歩みと成果とを実践記録としてまとめ、一書にしておきたいと荻田から相談されたとき、ぜひ挑戦すべきだと慫慂したのも私だ。そして必ず解説を書くからと約束した。教師荻田は必ずしも世間から、教師仲間から賞賛され、模範とされる存在ではない。それどころかその真逆とされているのかもしれない。しかし、真面目に、真剣に教職をまっとうしたが世に知られることもなく、褒められもせず消えていく教師の生涯が、記録にとどめる価値がないとは私は思わない。自身の弱点も失敗も描き切ったこの記録はそれはそれとして大事なものだと思う。

ただし付け加えておこう。聞くところによれば教職大学院入学も実践記録刊行も綴じ蓋女史は肯ぜず、しかし止めさせることはなかったという。

最後に、私が荻田の実践記録を読んで心に浮かんだ想いを書き留めておこう。それは「純粋で、無器用なあまりに無器用な教師の実践の記録」というものである。(2022.6.30記)

おわりに

わたしはこの本を書くことを通して「本の内容は多くの『人』と『こと』によってつくられている」ことを改めて認識させられた。

本文には横須賀薫氏の名が繰り返し書かれている。氏には学生のときは指導教員として指導を受け、教師になってからは実践検討会の場で様々な指摘や助言を受けた。それらはわたしの仕事に新たな課題を与え、展開を生みだすものだった。わたしは氏を通して多くのことを知り学んで来た。「巻末に添えて」の文章も寄せていただいた。深く感謝申し上げたい。

わたしの何回かの書き直しを辛抱強く待ち、「よいものにしよう」と努めていただいた一莖書房の斎藤草子氏にも感謝したい。

この本を書くことができたのはやはり子どもたちの持つ力によるものだった。それがこの本を書き起こすことができた源泉だったと思う。

また同僚の先生方や教職員、管理職の方々の協力や支えがなければ「実践」自体成り立たなかった。心から感謝申し上げたい。

教育実践家、斎藤喜博やそれに連なる人々の積み重ねたてきた大きな仕事の一端に触れたことも、わたしを推し進めるものだった。有り難いことだった。

自分のことのみに関心をもって仕事に向かっていたわたしを、同じ教師の仕事をしながら支え続けてくれた妻に深く感謝しなければならない。

また人生を先の大戦で大きく狂わされたなか、それに抗しながら生き、わたしを無形の力で教職に向けてくれていた亡き父と母、祖父母に感謝したい。

もし孫の一人が小学校教師になり、わたしに向かって「おじいさん、どうして教師になったのですか？　教師になってよかったですか？　どうやっていけばいいのでしょう……」と少し不安げな顔で聞いてきたら、わたしは「教師の仕事はよい仕事だから、安心してしっかりやりなさい」と答え、それとともにこの本も手渡したいと思う。

《著者紹介》

荻田泰則（おぎた やすのり）
1955 年仙台市に生まれる。宮城教育大学卒業。
仙台市をはじめとする宮城県内の小学校に 37 年間勤務。2015 年定年退職。
2018 年より「授業探求の会」主催。
2021 年宮城教育大学教職大学院修了。

わたしの教育実践記録

2022年 9 月15日　初版第一刷発行

著　者　荻　田　泰　則
発行者　斎　藤　草　子
発行所　一　莖　書　房

〒 173-0001　東京都板橋区本町 37-1
電話 03-3962-1354
FAX 03-3962-4310

印刷／製本 日本ハイコム　ISBN4-87074-244-4 C3037